TopBook
饕书客

一个人，遇见一本书

卷舒开合任天真

八圣人传

骑桶人 著

TopBook 饕书客

陕西新华出版传媒集团 陕西人民出版社

图书在版编目（CIP）数据

卷舒开合任天真：八圣人传/骑桶人著．—西安：陕西人民出版社，2018

ISBN 978－7－224－12819－2

Ⅰ．①卷…　Ⅱ．①骑…　Ⅲ．①历史人物—列传—中国　Ⅳ．①K820

中国版本图书馆 CIP 数据核字（2018）第 152609 号

出 品 人：惠西平

总 策 划：宋亚萍

出版统筹：韩　琳

策划编辑：王　凌　张启阳

责任编辑：王　倩　关　宁

整体设计：哲　峰

卷舒开合任天真：八圣人传

作　　者　骑桶人

出版发行　陕西新华出版传媒集团　陕西人民出版社

（西安北大街 147 号　邮编：710003）

印　　刷　西安建明工贸有限责任公司

开　　本　787mm×1092mm　32 开　7.875 印张

字　　数　180 千字

版　　次　2019 年 1 月第 1 版　2019 年 1 月第 1 次印刷

书　　号　ISBN 978－7－224－12819－2

定　　价　45.00 元

小序

我不是一个做学术的人，既没有受过正规的学术训练，读书也喜欢泛泛而观，随着自己的兴趣起止，没有一定的目的，所以作起文字来，也往往会不顾那些学术的禁忌，喜欢做不太确定的推测，甚至于脑补，然后又会在文字里夹上自己的私货，于是虽然名义上是为圣人们作传，但最终亦不过成了借个由头，浇自己胸中的块垒。

我如今甚至已经想不起来当年为什么要写这样的一本小书了，大约还是因为我的责编关宁美人的约稿吧！我是很难拒绝（美）人的，再加上这本书的内容也是我所感兴趣的，而我又很喜欢探究古人的八卦和隐私，于是就不知天高地厚地接下了这活——我一直都这样，接了活之后就后悔，然而又不好意思反悔，于是只能勉为其难地努力去看书，同时又为自己的拖延症所累，于是任何的稿约，即便签了合同，也要拖很久，一年的拖成五年、十年都是常事。但我也有一好处，就是答应了人的事，无论如何，总要做成，所以这本小书虽然写了很久，也终于还是完成了。

虽然完成了，但仍然还是有很多不满意的地方，幸好我已经过了一定要求完美的年纪，也不是为强迫症所累的处女座，所以也就厚颜无耻地交了稿。

无论如何，还是要先感谢我的责编关宁女士，有这么多的耐心和宽容，接受我的这么多的缺点。然后呢，要感谢我的妻子，能够容忍我的怪脾气这么多年。最后，自然是要感谢这本小书里所有的传主，从司马迁，到法师弘一，是你们让我知道，虽然生而为人，不免有各种的缺陷，甚至驽钝而多欲，但只要努力地生活过，拼命地要去做一点事出来，那人生终究还是会产生一点价值，值得让后人来缅怀和书写，也许这就是所谓的不朽。

二〇一七年十二月

目录

司马迁

楔子

元朔二年（前127）春天，皇后卫子夫的弟弟、车骑将军卫青率大军出云中（今内蒙古托克托东北），向西略地至高阙（今内蒙古杭锦后旗西北），一举收复了河套地区，并虏获了数千的俘虏，带回了数十万头牲畜。大汉帝国在河套设朔方郡，建朔方城。皇帝以三千八百户封卫青为长平侯。

这时的大汉帝国是朝气蓬勃的。这一年司马迁也才十九岁，风华正茂。这一年的夏天，他和家人一起，从故乡夏阳县高门里（今陕西韩城西南十八里之嵬东乡高门村）迁居茂陵。茂陵是汉武帝刘彻为自己修的陵寝，位于咸阳兴平市东北，前后花了五十三年才建成，是汉帝国规模最大、建造时间最长、陪葬品也最为丰富的陵寝，耗费之巨让人瞠目结舌，据说汉武帝竟拿每年赋税的三分之一来建造它。在那一年，皇帝下令徙郡国豪杰及家产三百万以上者居茂陵，司马迁的家族既算不上是郡国豪杰，家产亦没有达到三百万之巨，本不用徙居茂陵，但是因为司马迁的父亲司马谈以建茂陵之功由太史丞升为太史令，于是他的家人也得以徙居于距京师长安仅有八十里远的茂陵。他们的家，安在茂陵显武里。

正是在这里，在这一年，年轻的司马迁见到了郭解。郭解是轵（今河南省济源市东南十三里轵城镇）人，是当时有名的游侠，年轻时也曾干过许多违法的事情，比如藏匿凶犯、铸私钱、盗墓之类，他为人仗义疏财，好结交权贵和豪杰，其情形，大约有点像电影《教父》里的教父维托·柯里昂；他的家资本来没有达到三百万的迁徙标准，但是当地的官员却因为他声望太大，还是逼迫他迁居茂陵了。郭解的声名是如此之大，以至于长平侯卫青都要为他说情了，卫青对皇帝说："郭解家很穷，用不着迁徙。"皇帝说："一个老百姓竟然能够让朝廷的将军为他说情，他的家一定不穷。"于是郭解还是被迫迁居茂陵了，而人们资助他西迁茂陵的钱竟达到千余万之巨。不久之后，举报郭解导致郭解徙居茂陵的县掾杨季主就被杀了，杨季主的家人上书京城，又被人杀死在宫城外。皇帝下令捉拿郭解，郭解把家人安置在夏阳（司马迁的家乡），自己就逃亡了。他的逃亡得到了许多不知名的人的帮助，他逃到临晋时，还得到了一个名叫籍少公的人的帮助：籍少公并不认识郭解，但却把郭解放出关去。官吏追到临晋，籍少公为了保护郭解，就自杀了。郭解一路逃亡，并没有隐瞒自己的身份，但是大家都没有告发他，反倒全都在帮助他。许久之后，郭解终于被捉住了，但是他所犯的杀人之罪却全都是发生在大赦前，因此没有办法治他的罪。这时正好发生了一件事：轵地的一个儒生，在公开场合说郭解"专做奸滑的事来侵害公家的利益，怎能说他是一个贤人"，结果就有一个郭解的门客，把这个儒生杀了，还把他的舌头割下来。主持审问的官吏责问郭解，但当时郭解还在狱中，根本就不知道这回事，而那个杀人的门客又逃走了，于是也搞不清究竟是谁主使的。主持审问的官吏没有办法，只好向皇帝报告郭解无罪。御史大夫公孙弘是当时儒家的首领，他对皇帝说："郭解不过是一个平头老百姓，却行任侠之事，权力比官员还大，竟有人为了一点小事就愿为他杀人。郭解自己虽然不知道此事，但他的罪过实在比自己去杀人还大，简直相当于造反啊！"于是皇帝就把郭解一族全都杀了。当时的司马迁还无法完全理解这件事情所隐含的意义。首先，他不能理解郭解为什么不愿意徙居茂陵，对司马迁而言，徙居茂陵不仅使自己回到了父亲的身边，而且茂陵还是一座崭新的城市，集中了全国的财富与贤人，能在这样的城市里生活，真是一件再好不过的事了；其次，他不能理解为什么会有那么多人愿意帮助郭解，甚至不惜为此献出自己的生命；最后，他也不能理解为什么公孙弘会认为郭解“大逆不道”，以至于使郭解遭到族灭的下场。

很多年以后，直到他因为为李陵辩护而下蚕室遭了腐刑，他才能完全地明白郭解这个人的存在对于大汉帝国治下的人民的意义，明白为什么所有人都要帮助他；也是要到下了蚕室之后，他才能明白郭解所做的事情对于皇帝的威胁究竟有多大，以至于御史大夫公孙弘一定要把“大逆不道”的罪名加在郭解的头上。

一

陕西韩城，因司马迁出生在此而知名于世，而在汉朝，韩城却是以兵家要地而知名：公元前 645 年，秦国和晋国在这里大战，以秦国俘虏了晋惠公而告终；公元前 205 年，韩信以木罂渡过韩城南边的少梁津而擒魏豹。另外，在韩城东北六十里处，还有著名的龙门津，又称禹门津，相传是大禹治水时开凿，“鲤鱼跳龙门”的故事就发生在这里。司马迁是很以自己出生于龙门附近而骄傲的，在《太史公自序》中，他说：“迁生龙门。”

公元前 145 年，司马迁出生在韩城西南十七里的鬼东乡。他的父亲司马谈，在建元元年（前 140）司马迁六岁时出仕，后来官至太史令；他的祖父司马喜，为五大夫（旧二十等爵的第九级，自此以上始免徭役。司马喜的五大夫爵是用四千石粟买来的）；曾祖司马无泽，为汉市长（不是现在所谓市长，是管理一个市集之长，很小的官）；高祖司马昌，为秦主铁官；再往上追溯，还有一个特别有名的先祖，叫司马错，为秦蜀郡守。而据《太史公自序》，司马家族的远祖，则是唐虞之际的重黎氏，重为南正，黎为北正。“正”就是长官的意思，南正是古代的天官，观星象，定历法；北正则是古代的地官，执掌农事。

十九岁之前，司马迁一直都在夏阳的家里读书，“耕牧于河山之阳”。从他的祖父能够以四千石粟买来五大夫的爵位这件事来推断，他的家境应该尚可，司马迁不见得真的从小就要下地干活、上山放羊，“耕牧于河山之阳”只是一种美化的说法。司马迁很聪颖，十岁时就开始学习古文字，到十九岁他来到茂陵的时候，已经是一个才华横溢的青年了。

父亲司马谈对司马迁抱了极大的期望。《太平御览》卷二百三十五引卫宏《汉旧仪》，说司马迁年仅十三岁，就已经乘坐驿车周游天下，收集古代诸侯的史记了。《西京杂记》里也有类似的说法。虽然现代人一般都认为说司马迁十三岁即周游天下太过夸张，但却也没有能找到确实的证据来否认。而司马迁二十岁时的壮游却是确实无疑的，因为《太史公自序》中明明地列出了他所经过的地方。张大可的《司马迁评传》转述王国维《太史公行年考》对司马迁壮游路线的考证说：“司马迁从京师长安出发东南行，出武关至宛。南下襄樊到江陵。渡江，溯沅水至湘西，然后折向东南到九疑。窥九疑后上长沙，到汨罗屈原沉渊处凭吊，越洞庭，出长江，顺流东下。登庐山，观禹疏九江，辗转到钱塘。上会稽，探禹穴。还吴游观春申君宫室。上姑苏，望五湖。之后，北上渡江，过淮阴，至临淄、曲阜，考察了齐鲁地区文化，观孔子留下的遗风，受困于鄱、薛、彭城，然后沿着秦汉之际风起云涌的历史人物故乡，楚汉相争的战场，经彭城，历沛、丰、砀、睢阳，至梁（今河南开封），回到长安。以今地言之，司马迁壮游，跨越了陕、鄂、湘、赣、苏、浙、皖、鲁、豫九省区，行程近三万里，历时约二三年。”这样的旅行，以现代人的观点来看也可以说是漫长而艰辛的了，而司马迁在这样艰辛的旅程中又还有别的任务，即“网罗天下放失旧闻”，就是收集各地不为官书所载的旧闻，好为以后编写《史记》做准备。而这一次的壮游，也确实开拓了司马迁的眼界，为他后来的编写《史记》打下了很好的基础。

大概在他二十三岁的时候，司马迁回到了茂陵，而司马谈对此时的儿子仍不满意。而那时在茂陵又正好居住着两位博学鸿儒，一位是董仲舒，一位是孔安国，都是当时赫赫有名的人物。于是司马谈把儿子送到这两位大儒那里，让司马迁跟董仲舒学《春秋公羊传》，跟孔安国学《古文尚书》。

公元前 119 年，即武帝元狩四年，大汉帝国对匈奴的战争取得了决定性的胜利。大将军卫青以五万骑深入漠北，与匈奴单于相遇。卫青令兵车环绕一圈，扎下营寨，然后令五千骑兵出击。匈奴方面亦派出了大约一万的骑兵与汉军相抗。这时刮起了大风，沙砾扑面，两军无法交战。卫青派出军队从两翼包围单于的军队，匈奴单于看到汉军强大，便乘六匹骡子拉的车，带着壮骑数百突围而去。此时匈奴和大汉帝国的军队仍在激战，两军伤亡相当。汉军的左校捕虏说匈奴单于天还没黑的时候就已经逃走了，汉军发轻骑连夜追捕。而匈奴方面大概是因为单于的逃走而失去了作战的动力，各部军队四散而去。汉军轻骑一直追到天亮，也没有追上匈奴单于，只好放弃。这一战汉军杀死了匈奴一万余人，并进军到赵信城（今蒙古国杭爱山南麓），把城中的粮草都烧了才班师凯旋。此战之后，匈奴失去了与大汉帝国相抗的本钱，远逃漠北，漠南已无王庭，成为汉帝国的势力范围，汉军的驻地北至令居城（今甘肃永登西北）。然而大汉帝国为了取得这一场战争的胜利也付出了巨大的代价。汉军士卒死亡的达到数万人，损失的马匹更是达到十几万匹，以至于已无马可用，而这只是直接的损失。战争胜利之后，皇帝赏赐给将士的金钱达到了五十万金，而转运粮食、徙民以实边地的费用更达到上亿之巨，导致国库空虚，不得不开始向富人征收财产税，并实行盐铁专卖，且发行白金皮币，而白金皮币的发行又导致了通货膨胀，使国家的货币系统乱成一团。

大概就是在这时候，司马迁出仕为郎，这是一个前程远大的职位，虽然品级低微，秩仅三百石（几年后桑弘羊为大司农中丞，置平准均输，吏得入谷补官，郎至六百石），却常常可以近距离地与皇帝接触。元狩四年（前 119）司马迁二十八岁，而大汉帝国如日中天，司马迁的内心，必定也是豪情满怀吧！

二

元狩五年（前 118），大汉帝国的皇帝刘彻三十九岁，自公元前 141 年登基以来，在位已达二十三年。对皇帝的崇敬与感激之情此时已弥漫于大汉帝国朝野上下，因为大汉帝国正是在刘彻的统治之下，才达到了全盛。在司马迁于公元前 93 年写给任安（曾与司马迁一起为郎）的信中，他说自己遭到腐刑之前的状态是“绝宾客之知，亡室家之业，日夜思竭其不肖之材力，务一心营职，以求亲媚于主上”，那意思是说，自己不交接友朋，亦不考虑婚姻之事，把心思都扑在了工作上，期望能够得到皇帝的赏识。司马迁的努力并没有白费。在他三十五岁的时候，即武帝元鼎六年（前 111）皇帝交给他一个重任，让他奉使西征巴蜀以南，设郡置吏，而他的官职也得到了提升，成为郎中将（秩千石）。如果我们回顾一下之前奉使西征巴蜀的人都有谁，就知道这个任务对司马迁会是一个多么大的鼓励。在司马迁之前，奉使西征巴蜀的人是公孙弘，他后来官至丞相，封平津侯；公孙弘之前，是司马相如，司马相如的官虽不大，却是一代文宗，深受武帝的激赏。如果用前程远大来形容三十五岁时的司马迁，是并不过分的，而司马迁也没有辜负皇帝的期望，出色地完成了使命。

元封元年（前 110），司马迁出使归来。皇帝正在前往泰山封禅的途中，司马迁要从巴蜀赶到泰山去面见皇帝，但是在经过洛阳时却不得不停了下来，因为他的父亲司马谈已经病危，正在洛阳等待他的儿子以交代后事。司马谈去世时司马迁三十六岁，而司马谈大约五十六岁。自从司马谈任太史令以来，他把全部的精力都放在了两件事上：一是编撰《史记》，二是为皇帝的封禅制定礼仪。然而这两件事他都没有最终完成。《史记》的框架大约已经确定，资料亦已收集整齐，司马谈甚至可能已经写出了一些零散的篇章，但距离完成还非常遥远，司马谈大约早已料到《史记》仅靠自己的力量是无法完成的，所以一直在培养司马迁做自己的接班人；封禅却是已经准备得非常充分了，而司马谈却在这节骨眼上因为生病而无法扈从，这是最让他痛苦的事。然而还有一件事，更让司马谈耿耿于怀。还是在那封被后人题为《报任安书》的司马迁写给任安的信中，司马迁说：“我的先人，并没有剖符丹书的大功（即便子孙有罪也可以赦免），只不过是一个掌管文史典籍和天文历法的太史令，相当于以前负责占卜和祭祀的小官儿，常常为主上所戏弄，如同乐人和伶人，因此也为世人所轻视。（原文：仆之先，非有剖符丹书之功；文史星历，近乎卜祝之间，固主上所戏弄，倡优所畜，流俗之所轻也。）”汉代的太史令秩仅六百石，职位低微，司马迁为郎中将出使西南夷，秩已达千石，就已经超过了任太史令多年的司马谈，司马谈一方面想要修史以继《春秋》，另一方面又不满于太史令职位的低微，他正是在这种矛盾的心情中去世的。或许他原本也并不希望自己的儿子继承太史令这个职位，否则他不会送司马迁为郎，但是，当命运的巨轮碾轧下来的时候，他不得不把未竟的事业交给了儿子。

司马迁见了父亲最后一面之后，就赶到泰山去了，一方面是向皇帝述职，另一方面是要扈从皇帝的封禅。之后他又随着皇帝去负薪塞河，然后就是守丧。守丧结束之后，他正式接过了太史令的职位，这时已经是元封三年（前 108），司马迁三十八岁。

三

从三十八岁到四十二岁的五年间，除了不时地扈从武帝出巡，司马迁潜心述史，到太初元年（前 104），司马迁接到了一项新任务，即主持修订太初历，对于这个任务，司马迁的态度是非常积极的。

现代人对于历法的态度与古代人是完全不同的，现代人只把历法看成一种记年月日的规则，除此之外并没有太多别的意义。而古人却对历法极为重视，其一是因为古时还是农业社会，历法对春耕秋收有指导意义，历法的准确与否，与农业的收成有极大的关系；其次是统治者也把制定历法当成权力和地位的象征，从西周到春秋，只有天子才有制定历法的权力，到战国时，各国称王，自行制历，周天子的共主地位也就不复存在。可以说，改历就是改朝换代，司马迁在《史记·历书序》中也说："每个新的朝代开始时都是非常谨慎的，要改定历法，更换服色，推求本天的元气所在，以顺承天意。"大汉朝自建立之初，就在要不要改历和易服色以及如何改易等事情上争论不休，众人的意见大多都集中在要改正朔和易服色上，只是究竟如何改易，却是公说公有理，婆说婆有理，无法有一个定论。一直到太初元年，皇帝既然已经在元封元年第一次到泰山去封禅了，这时也决心要把改历和易服色的事情一鼓作气地完成，而司马迁得以参与并主持如此重大的事情，自然要感到格外自豪了。

在这一年，司马迁还修正了《史记》的断限，并与壶遂讨论了作史的义例。《史记》的断限原本是由司马谈确定下来的，即上起陶唐，下讫获麟即元狩元年（前 122），而司马迁则把《史记》的起始时间上推至黄帝，把下限下推至太初元年（前 104）。壶遂曾与司马迁一起主持修订太初历，当时的官职应该是太中大夫（郎中令的属官，秩千石，掌议论），与司马迁或许还是好友。他问司马迁："昔孔子何为而作《春秋》哉?"壶遂表面是问孔子作《春秋》的目的，而实际上是在问司马迁修史的目的何在。这时候的司马迁仍然是豪情满怀的，他借老师董仲舒的话回答壶遂说："我曾听董先生说：'周朝王道衰败废弛，孔子担任鲁国司寇，诸侯嫉害他，卿大夫阻挠他。孔子知道自己的意见不被采纳，政治主张无法实行，便褒贬评定二百四十二年间的是非，作为天下评判是非的标准，贬抑无道的天子，斥退为非的诸侯，声讨乱政的大夫，为使国家政事通达而已。'""贬抑无道的天子，斥退为非的诸侯，声讨乱政的大夫"，司马迁的原文，是"贬天子，退诸侯，讨大夫"，"退诸侯，讨大夫"还罢了，天子之为天子，即是天命所归、皇权所在，司马迁作为一个史官，何德何能，而能"贬天子"？后来班固作《汉书·司马迁传》，即将这一句改为"贬诸侯，讨大夫"，删去了"贬天子"三字，因为班固深知天子是不可贬的。而司马迁却以为天子是可贬的，司马迁的这种想法，也为他后来的遭遇埋下了祸根。

四

太初四年是大汉帝国由盛转衰的一年。贰师将军李广利，是皇帝的宠姬李夫人的哥哥，他于太初元年（前104）第一次率领大军远征大宛（在今乌兹别克斯坦、塔吉克斯坦和吉尔吉斯斯坦三国交界的费尔干纳盆地），其兵力为"属国六千骑，及郡国恶少年数万人"，其目的则是大宛国的善马。皇帝原本以为这一战必定可以轻易拿下，因为之前有人跟他说"以汉兵三千人，强弩射之，即尽虏破宛矣"。哪里想到贰师将军李广利是个大草包，他的军队千辛万苦走到大宛东境的郁成城（在今乌兹别克斯坦的乌兹根城）时，已经只剩数千人，而且还都是又饥又疲，李广利不管三七二十一，下令攻城，结果大败。这时连李广利也知道事情不好办了，他对手下王恢和李哆说：“连郁成都攻不下，更不用说大宛国的王都了。”于是只好灰溜溜地回到敦煌去。带出去数万人，回到敦煌的仅剩十之一二。皇帝听说贰师将军大败，大怒，让使者到玉门关去阻拦，不让李广利入关，还说谁敢入关就杀谁。李广利没有办法，只好留在敦煌。到这一年的夏天，皇帝下定了决心要再次攻打大宛，他先是查办了反对讨伐大宛的公卿大臣，随后派出军队计六万人（负载私人装备的随从未算在内），牛十万头，马三万余匹，驴、骡、骆驼亦有好几万头，携带粮食、兵器、弓弩前去攻打大宛。因为大宛王城内没有水井，再征发水工以引开王城水源，又征发边防戍军十八万人到酒泉、张掖以北以拱卫酒泉，并征发全国的七种人（犯了罪的官吏、杀人犯、入赘的女婿、在籍商人、曾做过商人的人、父母做过商人的人、祖父母做过商人的人）去转运粮食。这一次贰师将军李广利没有理由再失败了，到太初四年，终于大胜凯旋，带回大宛善马数十匹，中马以下三千余匹，而李广利亦得封为海西侯。

这一年改元为天汉元年，到天汉二年（前99）而李陵案起。李陵是“飞将军”李广的孙子，颇有乃祖之风，善于骑射且爱护士卒。长大以后，先是做了建章监（建章卫尉的属官，统率羽林骑。卫青未显时，也曾任建章监），后来汉武帝因为他是李广的孙子，便给了他八百骑兵，他率这八百骑兵深入匈奴二千余里，没有遇到敌人，安全地返回了，因此得拜为骑都尉（秩二千石），率领五千荆楚勇士，教射于酒泉、张掖。天汉二年秋，那个大草包贰师将军李广利率三万骑到祁连天山（在今甘肃张掖西南）去与匈奴右贤王作战，而使李陵率五千士卒出居延（在今内蒙古自治区额济纳旗和甘肃省金塔县境内）北，深入匈奴千余里以分匈奴兵。李陵大概走了三十天，到达浚稽山（蒙古国图拉河与鄂尔浑河之间）宿营，约定的日期已到，就率军往回走，却被匈奴单于以八万骑包围。李陵手下只有五千步卒，只能且战且退，连续与匈奴人打了八天，终于退到距离居延城仅有百余里的地方，这时却被匈奴人阻挡了道路，粮食、武器都已耗尽，而救兵又迟迟不至，李陵没有办法，只好投降。

李陵投降的消息传到京师长安，皇帝大怒，正好这时贰师将军李广利也大败而回，一帮子阿谀奉承之徒，都知道李广利是皇帝宠姬的哥哥，因此都略过不管，只是一股劲地大骂李陵。司马迁实在看不下去了，他以为李陵率五千步卒，深入王庭，伤敌万余，虽不得已而降敌，但功过已可相抵。且李陵忠心耿耿，虽身陷敌境，但只要有机会，必定会奋起以报汉。他把自己的想法对皇帝说了，汉武帝也觉得有理，于是派因杅将军公孙敖（此人是卫青的发小）率军深入匈奴以迎李陵。公孙敖在边境上待了有一年多，大约是待得实在不耐烦了，便借俘虏之口说“李陵教单于兵以备汉”，皇帝大怒，族灭了李陵一家，而司马迁也被株连，被判“诬罔”之罪，这罪是死罪。汉朝有赎死的法律，只要皇帝允许，可以入钱五十万以赎死，如果没有钱，也可以腐刑赎死。而司马迁不过是个秩六百石的太史令，拿不出五十万钱，朋友们这时也避之唯恐不及。他告贷无门，原本想一死了之，却又想到《史记》还没有写成，父亲的嘱托尚未完成，况且这样莫名其妙地死了，也不是大丈夫的作为，万般无奈之下，只好接受了腐刑赎死的办法。

汉武帝其实也不是真想要司马迁的命，他若真想要谁的命，那不管你有多少钱，也不管你有多少生殖器，都没有办法逃得脱。终武帝之世，士大夫犯死罪而得以腐刑赎死者只有两人，司马迁是其中之一。汉武帝可能只是想用腐刑折辱司马迁而已，这一点从他将受了腐刑的司马迁任命为中书令（武帝以宦官为中书谒者，负责在皇帝书房整理文书档案，中书令为中书谒者的主官）也可以看出来，他仍然欣赏司马迁的才能，他只是想用腐刑来磨去司马迁的桀骜不驯，让司马迁乖乖听话。然而腐刑割去的却只是司马迁肉体上的势，他的思想反倒因此而变得更为桀骜不驯了。

五

道与势的关系，自战国以来，就是中国文人关心的大问题。余英时先生曾说，当孔子说“士志于道”时，就已经为中国的文人定下了一个基本面，即不“志于道”者，就算不上是一个“士”。那么何谓“道”？孟子给出了解释。《孟子·尽心上》，王子垫问孟子：“士何事？”孟子说：“尚志。”王子垫又进一步问：“何谓尚志？”孟子说：“仁义而已矣。”孔子的学生曾参也说“仁以为己任”，可见“仁”是“道”的最主要的内容。

那么何谓“势”？简单地说，就是统治者的政治权力。道与势的关系，孟子给出了解释：“古代的贤王只追求真理，而不看重权势，古代的贤人不也是这样的么？乐于追求真理而不在乎人之权位。因此即便是王公贵族，如果礼数不周到，想见贤人一面都见不到；见面都那么困难，让贤人做王公贵族的臣子，就更不可能了。”因此孟子是把道放在势之上的，但究竟如何才能保证道不为势所屈，孟子却语焉不详。

战国时期，各国争霸，对于士有迫切的需求，因此士与君主的关系，还可以分为四类，即师、友、臣、役，《战国策》记郭隗答燕昭王语："仁义的帝皇以士为师，一般国王以士为友，王霸之徒以士为臣子，而亡国之徒以士为奴。"秦统一六国，建立大一统政权，汉继之，士与君主的关系，迅速变化为只有臣与役两种。中国的文人一方面支持国家的统一，支持大一统政权的建立，支持帝国的对外扩张，另一方面又对地位的改变感到茫然，董仲舒建立"天人感应"学说，试图借助"天"的力量来限制君主，然而汉武帝只接受了他的"君权神授"的理论，对于"天道"对君主的限制，却是弃之如敝屣，而董仲舒自己也是一生蹭蹬。司马迁从董仲舒学《春秋公羊传》，把董仲舒的学说接了过来，因此在《太史公自序》里说"贬天子，退诸侯，讨大夫"，虽然在他遭腐刑之前，他一直都是全心全意地支持汉武帝，他对汉武帝的感情，简直可以说是感激涕零，但"贬天子"的观念，却也是根深蒂固，再加上司马迁只怕还有些书呆子气，口角上又锋锐不知退让，更喜欢冷嘲热讽（这个从《史记》的语言风格可以看出来），汉武帝拿他下刀，杀鸡给猴看，也就是正常的了。

司马迁对汉武帝的态度，有一个变化的过程。最早，他与其他的文人一样，对皇帝是全心全意地支持的，把皇帝看作是帝国的化身，是帝国利益的象征，皇帝的利益与帝国的利益同一。有这种想法的人绝非司马迁一人。司马迁的父亲司马谈，对皇帝就是忠心耿耿，他积极地支持修建茂陵，支持封禅，即便修建茂陵和封禅耗费了帝国大量的财力和人力也在所不惜；而封禅、改制这些事情，同样也为其他的文人所支持，比如司马相如，他临死前还留书汉武帝谈封禅的事情；还有贾谊，他也同样是支持封禅改制的。直到司马迁被下了蚕室之后，他才突然地意识到将帝国与皇帝同一的荒谬之处，虽然他并没有直接说出这种想法，但是从《史记》的很多章节，尤其是《封禅书》中，可以看到他对皇帝的讥讽与嘲笑，而从这一点出发，他又进一步怀疑起帝国存在的必要性，怀疑帝国的对外扩张的必要性，而且更进一步，他还指出了那些为了帝国的存在和扩张而处心积虑地寻找其合法性的儒生的虚伪。然而他也并没有因此而变成一个虚无主义者，这或许与他年轻时曾经与郭解相遇以及他二十岁时的壮游有关，他从郭解的遭遇进一步地联想到了许多前贤的遭遇：项羽、田横、荆轲、聂政，孔子的惶惶如丧家之犬而不改其志，伯夷叔齐的宁肯不食周粟也不改其忠，伍子胥的百折不回终得以为父报仇，齐太史兄弟的宁死也要实录史事……这些人所坚持的理念或许不同甚至相互之间有矛盾，但他们的生命却都是张扬而自由的。

这时候他终于也明白了人们为什么会那样地敬爱郭解帮助郭解了，因为郭解正是战国以来的自由生命的象征，帝国的建立使生命的外在自由再也不存在了，每一个人都是帝国的一分子，都是帝国治下的黔首，甚至于没有自由选择自己的生与死的权利；而司马迁也终于明白了公孙弘为什么一定要处郭解以族杀之刑，因为郭解作为一个象征，他的存在会产生越来越巨大的离心力，使帝国最终瓦解。

然而司马迁的内心仍然是矛盾的，因为他与别人一样，同样害怕帝国的瓦解，害怕像战国那样的战乱频仍的时代重新到来。然而，在个人的自由与帝国的存在和扩张之间，有一个中间的道路，使两者可以共存吗？他没有找到。

六

有一个办法，似乎是可以解决司马迁的矛盾的，即道与势的同一。换句话说，就是让“素王”孔子成为真正的帝王。帝国的败坏与荒谬不正是因为皇帝的无能吗？汉武帝重用亲娅卫青、霍去病和李广利，使帝国的扩张耗费巨大而收效甚微，他的封禅或许是必需的，但是封禅后的求仙却是毫无意义且同样耗费巨大，他对“巫蛊案”的处置使太子自杀，间接导致外戚控制了朝廷大权，所有这一切都证明，有一个坏皇帝——不，甚至只是一个不完美的皇帝——对帝国的损害是多么的巨大。沿着这个思路，历史向前滚动了一百年，终于出来了一个最符合儒生理想的皇帝：王莽。

王莽似乎是完美的，无论是在道德上还是学识上，在道德上，他是万民敬仰的圣人，在学识上，他是太学生出身，是国师刘歆的同学，是一个真正的儒生，然而王莽统治的结果，却不过是使帝国由独裁走向了极权。

然而这不是我们在这里所能说得清的，还是回到我们的主题——太史公司马迁上来吧。

《史记》的最终完成，大约是在太始四年（前 93）之后不久，之后司马迁仍在不断地修订，并补录了一些太初之后的大事。据张大可先生的猜测，司马迁最迟在昭帝始元六年（前 81）时已去世，因为在这一年的盐铁会议中，御史大夫桑弘羊在辩难中引用《史记·货殖列传》时称“司马子言”，而这是对已故学问家的尊称。

《史记》成书之后，并不为人所重视，据东汉卫宏所说，汉武帝看了此书之后，很不高兴，下令删去了《景帝本纪》和《今上本纪》。如今流布的版本里，《今上本纪》就是直接用《封禅书》来替代的。直到宣帝时，因为司马迁的外孙杨恽四处宣传此书，《史记》才得以大范围流传。司马迁父子作此书时，本名《太史公书》，到东汉桓灵时，终于被人们以《史记》称之，“史记”本是对所有史书的通称，人们用《史记》来替代《太史公书》，可见对其之重视。

但《史记》真正为主流文人所承认，还要等到两汉之后。西汉时武帝删削此书，藏于府库，就不用说了；东汉时，正统的儒生是视《史记》为“谤书”的，东汉末的司徒王允更直接怪责武帝没有把司马迁给杀了，使他得以把《史记》完成，贻害后人；相反，班彪、班固父子所作《汉书》，则因为其迂腐的儒家立场，在东汉时成为正统，地位比《史记》要高得多。到魏晋南北朝时，《史记》的地位开始提升。到唐朝，《史记》已与《汉书》《后汉书》并列为“三史”，都是科举考试之目。古文运动中，韩愈等人又以《史记》为旗帜，从而大大提升了《史记》在文学史中的地位。唐以后《史记》的地位越来越高。最夸张的是明代有一位大学者名叫柯维骐的，为了能安心做学问，竟然挥刀自宫了，这样的行为，自然只能算是东施效颦，但由此亦可见出司马迁的影响力有多大。

其实司马迁对于自己在两汉时的边缘地位以及最终得到承认都早有预知，他在《报任安书》中就已经说：“然此可为智者道，难为俗人言也！”同时代人对他的不理解，他早就预见到了，但他仍然坚信自己所做的事业是可以传之后世而流传久远的，同样是在

《报任安书》中，他又说：“仆诚以著此书，藏之名山，传之其人，通邑大都，则仆偿前辱之责，虽万被戮，岂有悔哉？”

“虽万被戮，岂有悔哉？”这也是我最看重司马迁的地方，佛云“我不下地狱，谁下地狱”亦是此意，孟子云“虽千万人，吾往矣”亦是此意，这是何等的大勇气，又是何等的大苦难。

然而作史之不易，两千年过去了，今人与古人却也没有大的不同，这也仍然是大可叹的！

王羲之

“及长，辩赡，以骨鲠称”

王羲之的性格是颇有些怪异的，既自傲，又自卑，说话刻毒，为人处世完全以自我为中心，如果我生活在东晋，是不愿轻易与他交往的。当然他是贵族，像我这样的小民想与他交往恐怕也没有机会。

他的令人生厌处，史书中多有记载。比如有一次他到门生家里去，看到有一张桌子，又滑又干净，就拿出毛笔在上面写字，一半楷书一半草书，后来门生的父亲把桌子上的字刮去了，那个门生还懊悔叹惜了好几天。这件事情，现在看来自然是极风雅的，王羲之的字，谁不喜欢呀？但是如果换一个角度，你是门生的父亲，并不喜欢书法，更看重那张又滑又干净的桌子，说不定这桌子还是老婆大人的嫁妆！你王羲之来了，不管三七二十一，拿出笔就在主人的桌子上写字，岂不是太无聊？所以门生的父亲必定是很不高兴的，这就是王羲之令人生厌的地方。又比如这件事：有一次，王羲之在蕺山碰到一个卖六角竹扇的老太婆。王羲之也不打个招呼，就在老太婆的竹扇上写字，每个竹扇都写了五个字，老太婆很不高兴。这也难怪啊，人家是做生意的，你把人家的扇子上都写了字，人家还怎么卖呢？王羲之看老太婆不高兴，就说：“你只管说这扇子上的字是王羲之写的，一个扇子可以卖一百钱。”老太婆就照他说的做了，扇子很快就卖完了。这时老太婆再来找王羲之在她的扇子上写字，王羲之就笑着不写了。这件事王羲之其实完全可以做得更妥帖一些，比如他可以在写字之前先说明缘由，说自己是王羲之，扇子上写了他的字之后肯定能卖大价钱，那老太婆自然会很高兴地让他在扇子上写字了。现在他也不征求主人的意见，就在扇子上写字，老太婆不气疯了才怪呢。

与王羲之同时代的人，有一个叫王述的，是一个有名的率性的人。大概是因为父亲的缘故，王羲之非常恨王述（原因后文详述）。王述任会稽内史，碰上母亲去世，就辞了职守丧，但是人并没有离开会稽。王羲之是一直希望能到会稽来做官的，这时有了机会，朝廷就安排他顶替了王述来当会稽内史。按常理，王述是你的前任，他没有离开会稽，而且他的母亲又刚去世，王羲之作为父母官，应该常常去拜访人家才对。但是王羲之就是刚到会稽时去吊唁了一次，后来就再也没有去了，害得王述每次听到角声（大约大官儿出行都有角声开路），就洒扫庭院，准备茶酒，结果每次都是一场空欢喜。后来王述守制结束，升任扬州刺史，会稽郡里的有地位的人他都去告别了，但是就是没有去见王羲之。扬州刺史正好是会稽内史的顶头上司，王述也不客气，一上任就跟王羲之作对，派人去检查王羲之的工作，搞得王羲之疲于奔命。王羲之终于受不了了，上了一个表章，请求把会稽等郡从扬州府里划出来，单独立为越州，这件事传出去，被人当作笑柄——朝廷怎么可能为了你跟王述的私人恩怨就做出这种行政上的变动？王羲之也知道自己做错了事，索性就辞职了事，后来也再也没有出仕了。

当时被王羲之得罪的还有另外一个人，叫作殷浩。殷浩是王述的前任，也做过扬州刺史，他做扬州刺史时权力比王述还大，专门负责北伐之事。当时王羲之听说殷浩要北伐了，就写了一封信劝阻殷浩不要北伐。本来王羲之跟殷浩的关系不错，从小就认识，王羲之的右军将军、会稽内史都还是殷浩提拔他当的，但是他写给殷浩的那封信里却充满了辱骂的言辞。一开始他还客气些，先拐着弯子骂，说殷浩没有深谋远虑，又不听别人的意见，搞得国家衰败，几乎要灭亡，然后又骂殷浩出身低微，跟着再骂殷浩矫情。骂完这些之后，他开始威胁殷浩快点让权贵们进入中央政府，否则的话就会死无葬身之地，他也知道自己说的话太过刻毒，最后还来一句“知言不必用，或取怨执政，然当情慨所在，正自不能不尽怀极言”（知道你不会听我的话，甚至还有可能把你给得罪了，但我情不自禁，还是忍不住要尽情把你大骂一顿），真是得了便宜还卖乖。殷浩自然没有听从王羲之的意见，仍然北伐了，结果大败而回，被死对头奸雄桓温参了一本丢了官，所以他倒没有来得及像王述那样报复王羲之，不过以殷浩的人品，大约他也不会像王述那样率真，那样快意恩仇吧。

关于王羲之的性格，《晋书》王羲之的传记里说得比较委婉一点，说是“及长，辩赡，以骨鲠称”。所谓“辩赡”，换一个说法，就是说话刻毒——看看他写给殷浩的信就知道了；所谓“骨鲠”，换一个说话，就是不通世故，老得罪人。但是王羲之为什么会形成这样的一种性格，《晋书》里并没有给出解释，而且后来的人似乎也没有注意过这一点，我不揣愚陋，大着胆子，根据史书中的一些蛛丝马迹，试着给出一些推测，以待有识之士来批评辨正。

“幼讷于言”

童年的经历往往对一个人性格的形成起决定性的作用，这个已经被弗洛伊德的精神分析学说证明过了，我对心理学没有研究（其实是一窍不通），就不在这里夸夸其谈了，总之王羲之“辩赡”和

“骨鲠”之性格的形成，是可以在他的童年经历里找到缘由的。

王羲之童年中最重要的一件事情，莫过于七岁时他父亲的失踪。说到这里，有必要补充一下王羲之的家世。王羲之的始祖，据说是周灵王的太子晋，晋因为直谏被废为庶人。晋的儿子敬宗后来成为周的司徒，人们因为敬宗是废太子的儿子，就称他们家为“王”家，敬宗因此以“王”为姓。王羲之的十七世祖王元为避秦乱，由咸阳迁居到琅邪临沂，也就是现在的山东临沂。由太子晋算起，到王羲之的曾祖父王览，已经过了二十六世。王览有一个同父异母的哥哥名气很大，入了二十四孝的，名叫王祥，王祥因为自己的品德很高，得到政府的重用，出任徐州别驾，后来升任大司农，到晋武帝时，官拜太保，晋爵为公，而王览也做到了光禄大夫。王羲之是王览的曾孙，他的祖父是王览的四儿子王正，父亲王旷，字世宏，是王正的二儿子，他还有一个伯伯，名叫王廙，字世将，一个叔叔，名叫王彬，字世儒。

琅邪王家在魏时就已经是名门望族，永嘉之乱前，王羲之有一个族伯名叫王衍，以善于清谈和姿容秀美知名于世，得到了当时执政的东海王司马越的重用，成为司徒。王羲之的从伯王导，当时是琅邪王司马睿的长史，族伯王敦，当时任扬州刺史，这两个人是一伙的，他们搞了一个秘密会议，商议王氏一族的前途。王羲之的父亲王旷听说他们正在讨论大事，就跑过去，从墙缝里偷看，还大喊道：“你们在商量什么事情？我要告官去。”王导和王敦没有办法，就放他进来。王旷提出可以与司马睿一起南渡到建邺去，也就是现在的南京。王导本来就有这个想法，自然赞成，王敦也同意，于是一件决定了晋室和王家的前途的事情就这样定下来了。后来司马睿成为东晋的开国之君，王旷是立下了大功的。

但是由这件事情也可以看出王导和王敦两人其实是并不信任王旷的，否则的话应该从一开始就找王旷来商议，而不是等到王旷威胁说要告官了才接受他参加这次的会议。司马睿到建邺之后，王旷出任淮南内史，治所在扬州。309 年，他得到了东海王司马越的命令，要他率领军队北上去救上党。王旷带领三万军队由扬州北上，在长平遇到了刘聪的军队，两军大战，王旷的军队几乎全军覆没，部将施融、曹超战死。

关于这件事情，《晋书》的记载很诡异。王旷作为那三万军队的主帅，如果战死的话，理应被提到，如果没有战死，而是投降了，那么也应该提到王旷降贼才对，但是《晋书》里既没有说王旷战死，也没有说王旷降贼。总之，在这一次大战之后，王旷或许并没有人间蒸发，但确定无疑的是已经从史书里蒸发了。

王旷的事情，会不会是王导和王敦为了排挤他而暗地里搞鬼呢？史书里找不到确实的证据，但是我们有理由相信王羲之是有所怀疑的，这可以从他后来不愿意到建康去当官、成为王导的死对头庾亮的长史等等事情中看出来。如果是这样的话，那么王羲之的童年就非常悲惨了，因为他一方面不得不接受王导和王敦的庇护，另一方面又对他们充满了仇恨。这样的情形，让我想起金庸的小说《神雕侠侣》中杨过的童年。杨过在桃花岛的时候，同样是对郭家的人充满了仇恨和不信任感，但同时他又离不开郭靖的庇护。他被郭靖的孩子和徒弟们欺负，却找不到一个藏身之处，这一切使杨过的性格变得怪异而不合群，既骄傲又自卑，这样的性格与王羲之的性格就非常相似。更糟糕的是，据说王羲之少年时还患有癫痫，隔一两年就会发作一次，这种病的存在，只会使王羲之的性格进一步地走向极端。《晋书》中说王羲之幼时“讷于言”，从这个“讷于言”中，我们也可以猜测出王羲之的童年或许过得并不幸福。

“牛心炙” 和 “东床快婿”

在这样悲伤的童年时光中，唯有两件事能让王羲之感到快乐。第一件事是练习书法。王家本来就有善书的传统，王羲之从小就对书法甚感兴趣，十二岁时，他从父亲遗留下来的枕头里，发现了一本关于书法的论著《笔论》，由此书法大进。当时的书法名家卫夫人看到了王羲之写的字之后，大加赞赏，说道：“此小儿必见用笔诀也。近观其书便有老成之智。”又说：“此子必蔽吾书名矣。”（《笔势传》）对当时的王羲之而言，书法或许就像桃花源一样，可以让他忘记一切的不快乐。

另一件事，则是伯父王廙来看他。王廙擅长绘画和书法，王僧虔《论书》中说道：“右军之前，惟廙为最。画为明帝师，书为右军法。”“右军”就是指王羲之，因为他曾当过右军将军，所以这样称呼他。王僧虔的意思就是在王羲之之前书法最好的人，就是王廙了，连王羲之也曾经向他学习。王廙也很喜欢王羲之，他曾将索靖的草书妙品《七月二十六日帖》赠送给王羲之，在王旷失踪之后，这位伯伯对王羲之而言无异于父亲。

灰暗而绝望的童年生活渐渐过去了，到王羲之十三岁的时候，发生了一件对他的未来起了决定性作用的事情。当时有一个声望很高的大官儿，名叫周顗，315 年的时候，他在建康当礼部尚书，当时的很多人都希望能够得到这个老爷子的夸赞，因为得到他的一句夸奖，就无异于鱼跃龙门，从此就会名声大振，前途光明。有一次周老爷子宴客，王羲之不知道为什么也参加了，以他的年龄，只有敬陪末座的份，但是周老爷子看到他之后，却十分欣赏。大概是因为刚从中原地区过来的缘故，当时的物资还不是十分丰富，有一道名为“牛心炙”的菜，是每次宴会必备的，最受人重视。如果哪位客人得到了主人亲手割下的第一道“牛心炙”，就说明他是这次宴会里排名第一的贵宾，周顗当时就把那第一道的“牛心炙”给了王羲之。

在这样名流云集的宴会上得到德高望重的前辈的欣赏，应该会使王羲之的自信心有极大的提升，这或许会大大地改变他的少年生活的底色，更重要的是，王导和王敦也因此而注意到了家族里这个沉默寡言的患有癫痫的少年。之前他们或许以为王羲之只是在书法方面有些才能罢了，但是现在连周顗也夸赞他了，那就完全不同了，于是连王敦也称赞起王羲之来，说他是“吾家佳子弟”，将他与当时享有重名的阮裕相提并论，之后，王羲之的名气越来越大，终于与王承和王悦一起，被誉为“王氏三少”，成为琅邪王家的希望。

但是之后灾难却接踵而至，先是族伯王敦举兵，以“清君侧”之名，攻占了建康。王敦起兵的时候，王导和王氏一族都住在京城，王导作为族长，战战兢兢，带着子弟们到台城待罪。王羲之作为王家的一员，应该也在其中。就在他们都跪在那里的时候，周顗来了，王导可怜巴巴地对周顗喊道：“伯仁，以百口委卿！”伯仁是周顗的字，王导的意思是我家里这一百多口人都靠你了。周顗进去见晋元帝司马睿，苦劝司马睿不要杀王导，司马睿终于答应。周顗很高兴，喝了不少酒出来，看见王导他们还跪在那里。周顗这个人喝了酒之后，本来是什么事情都做得出来的，据说他以前在别人家里喝酒发酒疯，居然还想要强奸人家的妾，后来有人提起这件事，他还说："吾若万里长江，何能不千里一曲？"这回他大概也是喝酒喝多了，不仅没有告诉王导自己已经救了他们，反倒说道："今年杀诸贼奴，取金印如斗大系肘。"意思是我今年要把你们这些贼奴才全杀了，把一个斗大的金印系在我的肘上。结果王导就以为周顗是要害自己的。等到王敦进了台城之后，问王导周顗可不可以做三公，王导不吭声，又问可不可以做尚书令，王导还是不吭声，王敦说既然这样就只能杀了他了，王导仍然不吭声，结果周顗就被王敦给杀了。后来王导看到了周顗为了救他上的表章，叹道："我不杀伯仁，伯仁因我而死。"当然这是题外话了。两年以后，也就是 324 年，王敦病卒，他的残余势力全部被消灭，他自己的尸体也被司马睿的儿子司马绍（司马睿在 322 年闰十一月崩）从坟里挖出来砍了头。王导虽然平安无事，但是已经失去了对朝政的影响力，现在是皇后的哥哥庾亮执掌朝政。

好日子没有过多久，跟着就是祖约和苏峻的叛乱。祖约就是那个"闻鸡起舞"的祖逖的弟弟，祖逖死后他接手了祖逖的军队。苏峻的身份也跟祖约差不多，都是带着一伙流民从北方过来的豪强。这样的人，史书里称为"流民帅"，中央政权对他们是不怎么信任的，一般都不让他们过长江，留在江淮一带。祖约当时是在豫州（今安徽芜湖），苏峻是在历阳（今安徽和县）。平王敦叛乱的时候，有一个很重要的流民帅，名叫郗鉴的，联合其他的流民帅一起，帮助中央政权消灭了沈风、王含等等王敦死后留下来的势力。祖约和苏峻在这个过程中立下了大功，发展了势力。庾亮当政之后，试图削夺苏峻的势力，招苏峻进京，苏峻就联合祖约发起了新的叛乱。他们一路过关斩将，直杀入建康，在建康城里大肆掳掠，使建康城变成一片废墟。郗鉴和陶侃联手，把这场叛乱镇压下去了，但是庾亮因为激起了这场叛乱，不得不离开京城去任豫州刺史，中央政权再一次回到了王导的手中。

大概就是在这时候，郗鉴派他的门生到王家去招女婿了。郗鉴是322年由北方南撤到合肥的，王敦于那一年的正月于荆州起兵，不久攻陷台城。闰十一月司马睿忧郁而死，司马睿的儿子司马绍继位，是为晋明帝。323年到324年，郗鉴一直在合肥和建康之间来去，而王导当时也自顾不暇，郗鉴不大可能在这时候与王导联姻。324年王敦覆亡，王家败落，郗鉴更不可能与王家联姻了。328年祖约、苏峻叛乱，次年叛乱平息，庾亮离开建康到了豫州，郗鉴因为在平叛过程中立下大功，官拜司空，而王导也重新掌握了朝政，官拜太保，领司徒，剑履上殿，入朝不趋，赞拜不名。郗鉴这时候与王导联姻，是最有可能的，也是最合适的。

329年，王羲之二十七岁。对于一个贵族子弟来说，二十七岁还没有结婚，也没有出仕，已经是很迟了。322年，也就是王敦叛乱那一年，一直庇护王羲之的伯父王廙去世了，这一年王羲之二十岁。按理他是“王氏三少”之一，二十岁出仕是很正常的，但是一方面因为王廙去世，另一方面324年到329年王导自身难保，因此王羲之的出仕和婚事都被拖了下来。这几年对王羲之而言应该是非常灰暗的，因此，当郗鉴要到王家招女婿的事情传到他耳中的时候，可以相信王羲之对成为郗家的女婿是不抱什么希望的。

与王羲之同辈的王氏子弟，王敦那方面不用算，仅王导自己，就有六个儿子，其中的老大王悦也是“王氏三少”之一。除去已婚和早死的不算，这六个儿子中，至少也应该有这么两三个是很适合成为郗家的女婿的。以王羲之的性格，他当时到东厢去，露着肚子躺在榻上吃胡饼，完全就是一副去看热闹的态度，并不是去应聘女婿的。

但是郗鉴为什么偏偏就看中了王羲之呢？历来都把“东床快婿”这件事情说得十分风雅，似乎王羲之完全是因为他的飘逸不群的风姿才成为郗家女婿的，其实在当时门阀政治的背景下，没有哪一次的贵族的婚姻不是政治联姻。郗鉴到王家去招女婿，就意味着王氏与郗氏两个家族在政治上已经结为一体。事实也确实如此。后来庾亮联合陶侃，几次想要举兵推翻王导，都因为郗鉴的反对而不得不放弃。那么，为什么郗鉴不直接与工导的儿子联姻，而是选中在王家没有什么势力和背景的王羲之呢？一方面有王羲之的态度在里面，郗鉴因王羲之“袒腹东床”而说“正此佳婿耶”，正是因为“袒腹东床”这个姿态证明王羲之是没有野心的，并不想借这一次联姻来达到政治上的目的，而一个没有野心的人显然要比一个有野心的人要更好控制。另一方面，郗鉴虽然与王家联姻，但并不意味着他想与庾亮以及陶侃作对，要联合王家把东晋的其他门阀世族都给灭了，他联姻的目的只是想维持政局的平稳罢了，那么他选择在王家比较边缘化的王羲之做女婿，也就恰恰表明了他的这种态度。总之，这是一次非常微妙的联姻，而王羲之正是适逢其会，直说的话就是交了狗屎运，天上掉馅饼砸在他头上，再加上王羲之飘逸不群的风姿正合东晋人的品味，而且又擅长书法——郗鉴和后来成为王羲之的妻子的郗璇也都擅长书法——王羲之最终成为郗家的女婿也就是顺理成章的了。

王家与郗家的联姻还有一个尾声。后来王羲之的儿子王献之娶表姐郗道茂为妻，那时郗鉴已死去多年，郗家逐渐败落，王献之在简文帝司马昱的压力下，不得不与郗道茂离婚，改娶了简文帝的女儿余姚公主。《世说新语》里面说，王献之临死前，请道士来作法治病，道士问他以前是不是做过什么亏心事，王献之说："其他的都不算什么了，只有与郗家离婚这件事，我一直难以忘怀。"郗家于王羲之困顿之时招王羲之为婿，对王羲之可说有大恩，但王献之还是迫于皇族的压力，不得不选择了忘恩负义。王献之对郗道茂还是很有感情的，后世留传有《奉对帖》，是王献之写给郗道茂的信，信中说："虽奉对积年，可以为尽日之欢，常苦不尽触类之畅。方欲与姊极当年之匹，以之偕老，岂谓乖别至此。诸怀怅塞实深，当复何由日夕见姊耶？俯仰悲咽，实无已无已，唯当绝气耳。"这信不好译，译成现代文，那里面的缠绵悱恻就没有了，我就不多此一举了。

琅邪王氏的敌人

王羲之与郗鉴的女儿郗璇结婚不久，就出来当官了，而且还是十分清贵的官职——秘书郎。这个官职虽然只有六品，但在当时却是贵族子弟的禁脔，轻闲、俸禄优厚，更重要的是容易升迁。王羲之是在叔父王彬和岳父郗鉴的荐举下才得到这个官职的，由此也可以见出与郗璇的婚事对王羲之的仕途实在是有极其重要的意义。没过多久，王羲之就改任会稽王友，这个官职的职责与它的字面意义相近，就是陪会稽王读书、见客和饮宴，做会稽王的朋友。而会稽王司马昱，也就是后来的简文帝，在当时是炙手可热的人物，所以虽然会稽王友这个官职也只有六品，但却是一个可以与当权者套近乎的绝佳的官职。不久，大概在330年或331年，王羲之就升职成为临川（今江西抚州）太守，当上了地方大员。

这几年是王羲之在仕途上最为顺利、最为意气风发的几年。331年底，王羲之的母亲去世，王羲之辞官守制，这一段时间他应该都待在临川。一直到334年，他守制期满，可以出仕了，这时候他遇到了一个可以报复王导的机会——王导推荐他到中枢任职，而王羲之拒绝了，他宁愿选择到庾亮的幕府中去做一个参军，虽然这个位置比起他原来的官职临川太守来要低得多。

王导是不是在王羲之的父亲王旷的失踪事件中负有责任，我们已经没有办法在史书中找到直接的证据了。那么王导是不是一直在排挤王羲之呢？恐怕未必，因为在王羲之从二十岁到二十七岁的七年时间里，接连碰上了王敦之乱和苏峻、祖约的叛乱，王导几乎自身难保，怎么可能顾得上王羲之？再说以王导的地位，也没有必要与族中一个没有官职的年轻人作对，最多只能说，那几年王导并没有照顾王羲之。王羲之这一次拒绝王导而入庾亮幕府，无异于与王导决裂，甚至也可以说是与琅邪王氏一族决裂，因为在当时，王家与庾家几乎已经达到了水火不相容的地步。

如果王羲之的母亲没有去世，或许他不会做出如此不顾后果的举动，但是现在母亲去世了，父亲早已失踪，伯父王廙也早已去世，叔父王彬也已年老（次年去世），再也没有人能够限制王羲之的行动了。他原本就是一个性格骨鲠的人，做出这样的事情是非常正常的。那一年，他三十二岁。

王导已经老了，他的长子王悦病死，次子王恬又好武，不堪大用，历来为王导所不喜，而王家的其他子弟又已零落，像王羲之这样出类拔萃的青年才俊寥寥无几。333 年，王导曾经请求王羲之的同年堂兄弟王允之出任义兴太守，王允之以自己仍在守丧为由拒绝，王导再去信请求——不，简直可以说是哀求了，在信中他说道："我们的祖先太保王祥还有安丰侯王戎都是以孝行而名闻天下的，但是他们也没有拒绝出来做官；和峤是海内名士，不也出来做了中书令吗？我的部属大多都死了，我们王家的子弟，也已经零散凋落，我现在对待你就像对待亲生的儿子一样，如果你都不愿意出仕，我就再也没有什么话可说了。"在这样的情况下，王羲之仍然选择了背叛，这背叛必定令王导感到极度悲伤。

从 334 年一直到 340 年，这六年的时间里，王羲之一直都在庾亮的幕府中，一开始是做参军，到后来成为庾亮的长史，这个位置非常重要，相当于庾亮的首席幕僚。339 年 7 月王导去世，8 月郗鉴去世，次年庾亮去世。庾亮去世前，表请王羲之为宁远将军、江州刺史。江州（今湖北武昌）在当时有极其重要的战略地位，庾亮时任征西将军，领江、荆、豫三州刺史，长江上游是他的势力范围，庾亮去世后，这些地盘由庾亮的弟弟庾冰接手，而这些地方的军饷大多要靠江州来供给，由此可见庾氏一族对王羲之是非常信任的。王允之当时已经成为琅邪王氏首屈一指的人物，他自然也很清楚江州的重要性，按常理，王羲之是王氏家族的一员，由王羲之任江州刺史应该是可以接受的，然而王允之却不惜以放弃豫州为代价，自己去做了江州刺史。

这件事也进一步地证明了王羲之已经背离了王氏一族，成了王家的敌人。

到会稽去

王敦和王导谋害王羲之的父亲王旷，虽然至今没有找到直接的证据，但却可以在史书中找到许多的旁证，王羲之数次拒绝王导的征召而入庾亮幕府就不必说了，还有之前提到的王敦的哥哥王含在败亡时不愿投奔王羲之的叔父王彬而投奔另一个堂兄弟王舒，最后被王舒害死，也可以作为一个旁证；还有一个比较有力的证据，据《晋书》王彬本传，王敦攻入台城之后，王彬被元帝司马睿派去犒赏王敦的军队，王敦看到王彬脸上有泪痕，就问王彬为什么哭。王彬说："伯仁死了，我为他哭的。"伯仁就是前面提到的给了王羲之牛心炙的周顗，正是王敦和王导联手把他害死的，而周顗对王羲之有恩，因此王彬哭他也是正常。但是王敦却不高兴了，大怒道："周伯仁自己不识好歹，我杀了他是他罪有应得，而且他一直都看不起你，你有什么好哭的。"王彬道："周伯仁是仁厚长者，和你也是好朋友，在朝廷上虽然因为性格刚硬得罪了不少人，但却决不是结党营私的小人。你本来已经下了大赦令，后来却又把他杀了，我因此而感到十分伤心。"王敦这回更生气了，骂道："你以为我不敢杀你吗?"当时王导也在座，他看势头不好，就出来做和事佬，让王彬跪下向王敦谢罪。王彬说："自从我脚痛以来，见到天子我都不想下拜，更不用说跪了，现在想让我向他谢罪，做梦吧!"后来王敦又一次要举兵攻打建康，王彬苦苦劝谏王敦悬崖勒马，王敦不听，想叫左右侍卫把王彬抓起来杀了，王彬这时候说了一句话很重要，《晋书》原文是这样说的："彬正色曰：'君昔岁害兄，今又杀弟邪?'"这里的"昔岁害兄"，《晋书》以为是指王敦之前杀了王彬的堂兄豫章太守王棱的事，但是从王彬的口气来看，不如说王彬是指王敦曾经借刘渊之手除掉王彬的哥哥——也就是王羲之的父亲王旷一事更为妥当。

339年王导去世的时候，这一切都已经成为旧事了，仇人全都已经死去，王羲之或许会因此而感到生命中从未有过的空虚吧？对仇人的痛恨与复仇的狂想可能一直是他生命中最重要的支撑，然而王羲之刚刚成年，王敦就因叛乱而死去，唯一剩下的仇人却又是自己的从伯、王家的族长。王羲之最终所采取的复仇方式，与其说是复仇，不如说是自残，然而即便是这样的复仇现在也已经没有意义了。而母亲也已经死去，伯父和叔父也已经死去，这几年于王羲之而言必定非常重要，他必须安静一下，重新发现人生的意义。

因为王允之从中作梗，王羲之并没有成为宁远将军、江州刺史。但他似乎也并不在意。340年到342年，他赋闲于家中。342年7月，王允之去世，王羲之这才成为江州刺史，但他做江州刺史的时间很短。到12月，皇太后的父亲褚裒不愿在京城里任职，朝廷安排他去做江州刺史，王羲之被褚裒替换，回家隐居。后来朝廷又征召王羲之为侍中、吏部尚书，都被他拒绝了。这时候的王羲之，已经对仕途没有任何的兴趣了。

再一次出仕已经是卸任江州刺史四年之后，以前与王羲之同为庾亮幕僚的殷浩，这时出任扬州刺史，专管北伐之事，他请求王羲之出任护军将军一职，王羲之迫不得已只好答应出仕。但他不愿在中枢为官，请求像汉末的马日磾慰抚关东一样，代表东晋朝廷出使关陇和巴蜀，但殷浩没有答应。王羲之最后还是接受了护军将军之职，掌管京城的禁兵。但他不乐此职，苦求出任宣城郡。殷浩虽然没有让他到宣城去任职，不过还是让他离开了京城，去任右军将军、会稽内史。会稽的地点，差不多就是现在的浙江绍兴，是当时最发达的地区，而且山水秀丽，王羲之可以说是得偿所愿。

死生亦大矣，岂不痛哉！

从351年到354年，王羲之在右军将军、会稽内史任上总共待了四年。这四年成为他生命中最为光彩的四年，仇人都已死去，仇恨渐渐地消散了，他的孩子也已经长大，而随着年龄的增长，人们也越来越尊敬他。公事之余，王羲之得以游山玩水，潜心书艺，《晋书》本传说："羲之书初不胜庾翼、郗愔，及其暮年方妙。"陶弘景《论书启》第五启中说，"逸少自吴兴以前诸书，犹为未称，凡厥好迹，皆是向在会稽时、永和十许年中者"，可以说，王羲之的书法是在他担任会稽内史之后，才真正达到"化境"的。孙过庭《书谱》评价王羲之道："右军之书，末年多妙，当缘思虑通审，志气和平，不激不厉，而风规自远。""思虑通审，志气和平，不激不厉"，正是王羲之当时思想和心态之写照。

353年，也就是永和九年，那一年的三月初三，王羲之召集了许多名士，到会稽山的兰亭修禊，这就是著名的兰亭之会。在这里王羲之写下了他一生中最重要的作品，即后来被誉为"天下第一行书”的《兰亭集序》。

然而幸福十分短暂，354 年，王羲之的死对头王述守孝期满，任扬州刺史，正好就是王羲之的顶头上司。王述上任之后，公报私仇，派人检察会稽郡，王羲之疲于应对，一怒之下，上表请求将会稽郡从扬州府里分出来，另设越州府。这事传出去之后，被人耻笑，而王羲之也不愿继续在会稽内史任上待下去，索性辞官一走了之，还在父母墓前发誓以后再也不出仕，至今还有《自誓文》流传。

王羲之为什么对王述如此恨之入骨，史书里没有解释，我这里也只能根据一些蛛丝马迹做个猜测：从王述的家世上看，他是太原王家之后，太原王家在北方时是支持刘渊的，而王羲之的父亲王旷正是死于刘渊之手，这个可能是王羲之对王述如此痛恨的原因之一。而王羲之的为人又与王述不同，王述于宛陵令任上，曾经大肆收受贿赂，后来虽然不再搞贪污腐败，但是却是当官而不任事。而王羲之对只会清谈的官儿历来都看不起，这个从他写信大骂殷浩也看得出来。殷浩是当时清谈第一人，与王羲之曾是同僚，而且还提拔王羲之到会稽内史任上，按理说王羲之应该对他感恩戴德才是，但是王羲之却坚决地反对他北伐，为此不惜破口大骂。

王羲之的思想与性格与两晋的风气是格格不入的。表面上看，两晋的贵族文人喜欢谈玄理，崇尚老庄，似乎都很有隐士气质，但其实他们是不可能真的像庄子那样满足于做一个漆园小吏的，在思想上，他们力求将名教与老庄合为一体，在行动上，他们也是当官而不任事，所谓“小隐隐于野，大隐隐于朝”，他们都是想“大隐隐于朝”的——既可以当隐士捞取名声，又可以当权贵得到实利。而王羲之是很看不起这些人的，他一方面鄙薄名利，另一方面又崇尚事功，其实是一个理想主义者，而且还是一个坚持了一辈子的理想主义者，而他又不知道低调和收敛，总是把自己理想主义的旗帜到处高举，同时又不知道讲究手法，言语刻毒而不知婉转，这个样子就难免要让人感到讨厌，以至于在仕途上处处碰壁了。

王羲之的讨厌处，前面已经说过一些，这里再举几则：

《世说新语·言语第二》，说王羲之与谢安共登冶城（在今扬州），那个地方是古时铸炼之所，当时只余废墟，大概地势较高，风景不错，谢安因此而“悠然远想，有出世之志”，就是不想当官，想去隐居了。这时王羲之的书呆子气又发作了，说：“夏禹为了国事劳累得手脚都长茧了，周文王为了国事忙得饭都没有空吃，现在国家还在危难之中，正是人人效命的时候，高谈阔论只会浪费时间，浮华之文更是妨碍要务，恐怕都不是当今所需。”谢安本来也只是一时兴起，哪里是真的就要辞官回家隐居，没有想到就招来王羲之这样一番正言大论，自然很是扫兴，只好回了一句：“秦朝任喜欢实干的商鞅为相，只传了两世就亡国了，难道他们也是因为清谈而亡的吗?”谢安在政治上的能力显然要比王羲之强了不知多少倍，后来他组建北府兵，取得淝水之战的胜利，在政治上的成绩不是书呆子王羲之可比的。政治本来需要讲手腕，走曲线，求妥协，像王羲之这样一味地走直线，连说话也不知道看场合，自然无法取得大的成就。

《晋书》王羲之本传里，还提到王羲之一件让人暴汗的事，可以进一步证明王羲之的书呆子气：有一天，名士许询到丹阳尹刘惔那里去，大概因为来回路程较远，许询就住下了。他看到刘惔家里床很漂亮，被褥很华丽，吃的也非常丰盛，就说：“如果能够一直都这样子，那就是谢东山（谢安）也比不上啊。”刘惔听了很得意，说：“古语有云：‘吉凶无门，唯人所召。’我只要小心处事，自然能保持现在的富贵。”王羲之当时也在旁边，他听了这两人的言语，又开始发挥他的冷场功能了，他说：“如果巢父、许由碰到后稷和契，应该不会说这种话。”巢父、许由是上古隐士，后稷、契则是有名的贤臣，王羲之这是在讽刺刘惔和许询贪图富贵，刘惔和许询一下就说不出话了，《晋书》说两人“并有愧色”，我看是“并有‘汗’色”比较准确。

关于说话的技巧，王羲之的从伯王导其实就是说话的高手，史书里充斥着王导作为一个当权者的委婉而得体的言辞。随便举一个例子，比如王导到晚年，与庾亮的矛盾激化，当时庾亮控制长江上游的荆州、江州等地，王导控制长江下游的扬州和建康。王导控制了中枢，处理国事时却处处受庾亮所制，但这一切的争斗都是在暗中进行的，王导和庾亮从来就没有把矛盾公开过。一次，王导在外面闲坐的时候，忽然吹来一阵西风，扬起尘土，王导说：“元规尘污人。”元规是庾亮的字，王导的意思是庾亮刮起这阵风把自己给弄脏了。只有这一次，王导公开表达了自己对庾亮的不满。《世说新语》把这一则归入“轻诋”类，可以见出这一句骂人话果然是够“轻”的。

虽然同是出身琅邪王家的贵胄，但王羲之就没有学会王导的圆滑，处处拿自己的才学和贵族身份来压人。《世说新语》里还有一个故事，说王羲之刚到会稽的时候，有人给他介绍说高僧支遁也在这里，问他要不要去见一见。王羲之却很骄傲，根本看不起支遁，不愿去见。后来人家把支遁给他带来了，他还傲气凌人，根本就不愿与支遁说话。当时正好王羲之有事要出门，车子已经在门外了，支遁说：“您先别走，贫僧与您说几句话。”于是支遁就开始说起庄子的《逍遥游》来，新奇而美丽的词藻层出不穷，简直如春花烂漫。王羲之被吸引了，解开衣襟入座，久久不能离去。按理说，王羲之作为地方的长官，应该主动去拜访当地的名流才对，他不仅不愿去，直等到人家都上门来了，他还不愿与对方说话，幸好这个人是支遁，如果换一个人，只怕就要热脸贴在冷屁股上，大大地吃一个闭门羹。

所以王羲之最后的辞官，与王述的矛盾只是一个导火索罢了，根子还是在他自己的书呆子气和贵族气上，而他又不知反省，还把责任推到自己的儿子身上，说王述之所以能当上大官就是因为他有一个好儿子王坦之，这就未免执迷不悟了。

但仕途的失意却使王羲之更加专注于游山玩水和研习书法，也算是塞翁失马，因祸得福。刚刚辞官的前几年，王羲之还是非常快乐的，《晋书》本传里说：“羲之既去官，与东土人士尽山水之游，弋钓为娱。又与道士许迈共修服食，采药石不远千里，遍游东中诸郡，穷诸名山，泛沧海，叹曰：‘我卒当以乐死。’”但他的年纪越来越大了，因为服食五石散的缘故，身体也越来越糟，谢安曾经对王羲之说：“中年以后，越来越容易哀伤了，看到亲友死去，常常连续几天心情都不好。”王羲之说：“人到暮年难免如此，多听听音乐来排遣吧！我虽然也难免伤心，但总不让儿孙辈知道，免得减损了他们的乐趣。”永和十二年，也就是356年，桓温收复洛阳，修缮诸陵，王家的祖陵也得到修复。王羲之写下了著名的《丧乱帖》：“羲之顿首：丧乱之极，先墓再离荼毒，追惟酷甚，号慕摧绝，痛贯心肝，痛当奈何奈何！虽即修复，未获奔驰，哀毒益深，奈何奈何！临纸感哽，不知何言！羲之顿首顿首。”当时琅邪王家的势力已经衰败，而王羲之阴差阳错地成了琅邪王家最重要的人物，在当时，修复祖陵的事情，大概也只有他才能够承担了。风水轮流转，这个背叛了家族的王家子弟，在他的晚年却成为这个家族的首领。

大概在之后几年，发生了一件很不幸的事情——王羲之的两个小孙女在十天之内先后夭折了，王羲之悲痛欲绝，原本服食五石散就最怕伤心，这一来王羲之的身体就更坏了。361 年，王羲之在病痛中死去。

王羲之死后葬于剡县的金庭，《晋书》本传说王羲之死后朝廷赠金紫光禄大夫的称号，但他的子孙们依照他的遗愿，没有接受。

那并不是一个幸福的时代

王羲之的族伯王衍，真是神仙一样的人物，他拿着白玉柄的麈尾，穿着宽大的衣服，坐在竹编的凉席上，侃侃而谈。他眼睛细长，面白如玉，长须飘飘；他的声音清亮，令听的人有出世之想。后来他被刘渊杀死在向东逃亡的路上，与他同行的人，也都被杀死了。

王羲之的岳父郗鉴，曾经因为遭到兵乱没有饭吃，只能乞食于乡邻，他带着两个孩子去乞讨，一个是他的侄子，一个是他的外甥，然而那些乡邻说：“我们是因为尊敬你才给你饭吃，我们自己也吃不饱，没有能力再喂养两个孩子了。”于是郗鉴就把饭咬碎了含在嘴里，回家去吐出来给两个小孩子吃，终于撑过了那段最艰难的时光。

王羲之的父亲王旷莫名其妙地失踪了。

王羲之的族伯王敦死后被挖出来，扶跪着砍去了头颅。

王羲之的另一个族伯王含，也就是王敦的哥哥，被王舒投入水中淹死了，而王舒是王含的堂兄弟。

那并不是一个幸福的时代，虽然我们现在看《世说新语》，看到那些文人们风流倜傥，谈玄论道，似乎每一个都自信满满的样子，但是那个时代其实和别的时代一样，都是残酷而又冷漠，门阀世族相互钩心斗角，维持着微妙的平衡，稍有不对就会爆发战争。但后来的文人和后后来的文人们却一起把那个时代虚构成了一个似乎是不食人间烟火的时代，在那个时代里每一个文人似乎都飘飘若仙，但其实那些文人们骨子里也和我们一样怕死，一样充满了欲望，一样在名利中挣扎。圣贤并不是天生的，圣贤如莲，唯有从污泥里挣扎出来，才能开出美丽的花，虽然随后就是无可挽回的凋谢。这也便是王羲之的一生。

陶渊明

强悍的曾祖陶侃

陶渊明的曾祖陶侃，都督八州军事，封长沙郡公，甚至有传言说他临死前对东晋皇帝的宝座曾经有觊觎之心，只不过因为想起年轻时做过的一个梦，梦到自己身生八翼飞上天庭，在飞到第九重天时被天庭门阍打下来了，才息了篡位的野心。陶侃的出身也不能说是寒微，他的父亲陶丹原本是东吴的扬武将军，但东吴为晋所灭，陶家自然就败落了。他原本是鄱阳人，吴平后徙家至庐江寻阳（今江西九江），那时他的父亲大概也死了，他自己在寻阳县里做个小吏，与母亲湛氏相依为命，家里穷得可以说是几乎无米下锅。当时有一个鄱阳孝廉叫范逵的，要到京城去当官，路过陶侃家门前，大概因为陶家以前也是当官的，所以前来拜访兼投宿。范逵的随从很多，车马也不少，陶家自己穷得都无米下锅了，根本就没有办法招待他们。但是陶侃的母亲湛氏却很镇静，她让陶侃出去招呼客人，自己把睡觉用的新草席斩碎了用来喂马，又剪下满头长发换来几斛米煮饭给客人吃，没有柴火了就把房柱砍下来当柴烧。结果不仅范逵自己得到了合乎礼数的招待，连范逵的手下人也都很满意。范逵离去的时候，陶侃一直送出了有一百多里路，连范逵自己都看不下去了，对陶侃说："送得很远了，您可以回去了。"但是陶侃还是不回去，于是范逵又说："您放心吧，我到洛阳一定会说您的好话的。"陶侃得到了范逵的这句承诺，才放心地回家去。而范逵果然没有失信，到洛阳后尽力向名流们推荐陶侃，陶侃也因为得到范逵的推荐，先是到庐江郡里去做了督邮，后来又到洛阳去做太子中庶子，从此飞黄腾达。

外祖父孟嘉是一位优雅的贵族

陶渊明的母亲孟氏是桓温的长史孟嘉的第四女。孟嘉在当时也是一位名流，他的曾祖孟宗是东吴的司空，祖父孟辑曾任晋庐陵太守，孟嘉自己也有很多风雅的事情被收入了《世说新语》。比如桓温曾问孟嘉：“听伎乐，丝不如竹，竹不如肉，为什么呢?”孟嘉答道：“渐近自然。”又比如，豫章太守褚裒以善识人知名，他去拜访庾亮，庾亮准备了盛大的筵席，召集了州府名流来招待他，当时孟嘉正好在庾亮幕府内任劝学从事，因此也在座，不过排在末座较远的地方。褚裒问庾亮：“我听说孟嘉在江州，他人现在在哪里?”庾亮说：“他也在座，您自己找好了。”褚裒就一个个人看过去，最后指着孟嘉对庾亮说：“这位君子风采与别人稍有不同，莫非就是他?”庾亮甚是得意，一方面为褚裒的善于识人而感到惊讶，另一方面也为孟嘉能够得到褚裒的赞赏而高兴。

陶渊明对自己的这位外祖父可以说是崇拜得五体投地，他曾为孟嘉作传，题为《晋故征西大将军长史孟府君传》，里面又写到孟嘉的另一件风雅的事情：孟嘉曾经做过刺史谢永的别驾，谢永去世，孟嘉前去吊丧。谢永家在会稽，孟嘉到会稽去要经过永兴（今杭州萧山），高阳人许绚当时正好客居于永兴，他乘船出游，与孟嘉相遇，叹道：“永兴的名士我全都认识，却不认得这个人，听说中州有一个人叫孟嘉的，不知道是不是他？只是他怎么会到这里来呢?”于是派人去问孟嘉的仆从，孟嘉对许绚的使者说：“本来是要去拜访许先生的，不过因为我要先去吊丧，所以只能回来的时候再与许先生相见了。”他从会稽回来之后，果然去拜访了许绚，两人相处甚欢，就像是多年的好友一样。

孟嘉对陶渊明的影响是非常明显的，陶渊明温和的性格、对山水的喜爱和饮酒的习惯，可以说都是来自孟嘉。

虚静恬淡的父亲

关于陶渊明的父亲，史书中并没有留下多少资料，甚至连他的父亲是不是叫陶敏，都是一件没有定论的事，唯一可以确定的是，他的父亲并没有当过什么大官，这个可以从陶渊明自己的诗歌中得到印证。在他的《命子》诗中，陶渊明骄傲地向自己的大儿子陶俨介绍了陶家的祖宗，从上古的陶唐氏（就是尧），到夏的御龙氏、商的豕韦氏，再到周的陶叔，依次介绍下来，一直到曾祖长沙郡公陶侃、祖父武昌太守陶茂，再到父亲陶敏。关于陶敏，陶渊明写道："於皇仁考，淡焉虚止。寄迹风云，冥兹愠喜。"这意思是说，自己的父亲性格虚静恬淡，虽然曾经托身仕途，但并不以出处为意，或仕或隐，都淡然对之。

陶敏虽然在陶渊明才八岁时就去世了，但陶渊明对仕途的淡漠和虚静恬淡的性格，却毫无疑问是来自父亲的影响和遗传。

"弱年薄宦， 不洁去就之迹"

《命子》诗大概是陶渊明在二十六七岁的时候写的，这首诗是为陶渊明的长子陶俨命名而作。此前因生活所迫，陶渊明曾短暂地到郡县里去做过事，大约是如他的曾祖陶侃那样做个小吏。但情况并不如意，陶渊明很快就回到家中了，他对此事似乎不太愿意提起，具体原因不明，史传中只说是“潜弱年薄宦，不洁去就之迹”，但也有人以为“不洁去就之迹”是指后来陶渊明之任桓玄和刘裕的幕僚。陶俨出生之后陶渊明又生下了三个儿子，先是次子陶俟出生，陶俟出生两年后是双胞胎陶份和陶佚出生。这时候陶渊明有二十九岁了，大概是因为孩子太多了养不起，陶渊明不得不再一次出仕了，这一次是到州里去做别驾祭酒。据《宋书·百官志》：“祭酒分掌诸兵、贼、仓、户、水、铠之属。”地位较高，大概相当于现在的公安局长兼武装部长，主管州里的军队和警察系统，但是陶渊明仍然没有做多久，就“不堪吏职，少日，自解归”了。州里大概以为陶渊明是一个文人，不愿意做别驾祭酒这种武职，又召他回来做主簿，但陶渊明再一次拒绝了。

《劝农》一诗，应该是陶渊明在州祭酒任上写的，本来劝农的事情似乎不应该是别驾祭酒来做，但大概是因为陶渊明的诗写得好，所以人家就把这宣传鼓动的工作交给他了。从这首诗里我们仍然能看到陶渊明的一些书生习气，他虽然说“舜既躬耕，禹亦稼穑”，但在诗末却又说：孔子耽于研究道德，鄙视问他稼穑之事的樊须。董仲舒沉迷于学术，三年不窥田园。如果有谁能够放下农事学习孔子和董仲舒，那我必定要向他表达我的敬意，如果不能做到像孔子和董仲舒那样，那么还是老老实实去做农活吧。

在当时的陶渊明的心目中，读书仍然是高于农事的，而且也可以猜想得到，在陶渊明的青少年时期，他的家境其实还算丰裕，他自己也并没有真正地下地从事过农业劳动。要一直到中年之后，他才能够切身体会到农事的乐与苦，不再以读书为意。

陶渊明三十岁的时候，也就是在陶份和陶佚出生后不久，他的第一任妻子就去世了。大概三十三岁的时候，他娶了继室翟氏，翟氏为他生下了最小的儿子陶佟，并陪伴了陶渊明的一生。

陶渊明三十四岁的时候，寻阳发生了一件极大的事情：桓温的小儿子——江州刺史桓玄与荆州刺史殷仲堪、雍州刺史杨佺期等人会盟于寻阳，并推桓玄为盟主，共同反对当时执政的会稽王世子司马元显。大概是因为陶渊明的外祖孟嘉曾经是桓玄的父亲桓温的长史的缘故，再加上当时桓玄打着要肃清朝政的旗号，于是陶渊明离开了他的家——园田居，到江陵（今湖北荆州）去，成了桓玄的幕僚。

这件事充分证明了陶渊明在政治上的幼稚与无知，这大概是陶渊明最大的缺点。桓玄这个人，乍看上去，是极有才能极有风度的一个人，可以说是当时的贵族里面最优秀的一个，既有地位——是桓温的儿子，袭爵南郡公，长得又好——“形貌瑰奇，风神疏朗”，而且还有才能——“博综艺术，善属文”，是当时的贵族体制所培养出来的优秀子弟，所以寻阳会盟的时候，大家推他为盟主，也是正常的。但是从另一方面看，人们又很害怕这个桓玄：在皇族看来，他是桓温的儿子，而桓温生前是有篡位的野心的，所以对这样一个“以雄豪自处”的桓玄，自然要有些害怕而有意地去压制他。而其他人为什么要害怕他呢？这事情一下子说不清楚，大概是因为他一方面拥有桓温的旧势力的支持，同时又极骄傲极有野心，然而又因为年轻没有吃过苦头而不知轻重的缘故吧。这些害怕他的人里面，就有荆州刺史殷仲堪。史传里说，殷仲堪刚到荆州任上，就对当时在荆州优游的南郡公桓玄敬而畏之，而后来他也果然被桓玄逼得上吊自杀。还有另一件事，也可以侧面证明桓玄的不招人待见：当时有一个极有名的和尚法号叫慧远的，在庐山上修行，桓玄要慧远下山来见自己，但是慧远是从来不下山的，便称疾婉拒，桓玄便自己跑上庐山去见慧远。慧远对桓玄可谓冷淡之极，桓玄说自己要征讨殷仲堪，征求慧远的意见，而慧远根本就不回答他。桓玄又问慧远对自己有什么期望，慧远却说“只希望檀越能平安无事”。本来桓玄大概是已经把自己当成救世英雄了，以为慧远也要理所应当地把天下生民托付于己，哪里想到慧远却只说“愿你自求多福”。桓玄下山的时候悻悻地说，“实乃生所未见”。这一方面说明了慧远对桓玄的鄙夷，另一方面也说明桓玄实在是在蜜水里长大，被奉承惯了的人，一碰到不买他的账的人，就很不习惯。

然而就是这样一个人，陶渊明却违背了自己的宿愿，出来给他当幕僚了。不过陶渊明的内心深处仍然眷恋着自己在农村的田园，他在任桓玄幕僚期间所写的三首诗中，都流露出了对家人的思恋和急于回归田园的心情，这三首诗都很优美，我选一首列于下，是《庚子岁五月从都还阻风于规林二首》的其中之一：

行行循归路，计日望旧居。（走啊走啊，走在熟悉的老路上，计算着日子，盼望能快点回到旧居。）

一欣侍温颜，再喜见友于。（最高兴的是又能见到母亲的温颜，能够再与兄弟们相见，也令人欢喜。）

鼓棹路崎曲，指景限西隅。（划起船桨呀，水路崎曲，太阳已西斜。）

江山岂不险，归子念前途。（江山阻隔，路途艰险呀，归家心切的人，念叨着前面的路还有多远。）

凯风负我心，戢枻守穷湖。（南风吹起，船行缓慢，只好放下帆，在荒僻的湖里等候。）

高莽眇无界，夏木独森疏。（湖边的荒草一望无际，盛夏的林木茂盛阴森。）

谁言客舟远，近瞻百里余。（谁说客子的船离家还远呀，你看只不过才有一百多里罢了。）

延目识南岭，空叹将焉如。（放眼望去，已能看见南山，但如今也只能空自叹息，困守穷湖。）

陶渊明三十七岁，也就是在他成为桓玄的幕僚三年之后，他的母亲孟氏去世了。这对陶渊明而言自然是一个大悲剧，但如果换一个角度看，也不能不说是一件幸运的事。因为在第二年的春天，司马元显和桓玄之间的战端就开启了，而陶渊明因为要回家守丧而避过了这些纷争。

因为司马元显的主将刘牢之的背叛，桓玄很轻易地就取得了胜利，他的军队进入了建康，他自己也担任都督中外诸军事，丞相，录尚书事，扬州牧，领徐、荆、江三州刺史、总百揆，成为掌握东晋实权的人物。次年八月，桓玄自号相国、楚王。十二月，桓玄就逼着晋安帝禅位于己，改国号为大楚，改元永始，正式地当上了皇帝，虽然他这个皇帝的称号并没能保持多久——仅仅过了两年，也就是在陶渊明四十岁的时候，他就兵败被杀。

可以想象得到，假如陶渊明的母亲没有去世，那么陶渊明作为桓玄的幕僚，很有可能要随着桓玄到建康去，并不得不接受一官半职，甚至可能连桓玄的受禅文也要由他来操刀。那样的话，陶渊明在《晋书》里的传记，就不会被排在隐逸传里，而是要像他的外祖父孟嘉被排在桓温的传记之后一样，被排在桓玄的传记之后，与他并列的是殷仲文和卞范之，而不是孟陋、陶淡这样的隐士。而他在后代文人心目中的地位，也将是乱臣贼子，而不是忠臣义士。

当然事情也很可能不会那么糟糕，以陶渊明的性格，他会在发现桓玄有篡位之心后就匆忙离开。这些事情不是我们现在能猜测得到的了。历史对陶渊明很宽容，但如果仅就当时而论，却又有一些严厉。无论如何陶渊明都曾是桓玄的幕僚，而桓玄后来成了篡位者，大概当时的人会对陶渊明有所非议，这也可以从陶渊明的诗歌里看出来。他三十九岁居丧在家时写的一首《癸卯岁十二月中作与从弟敬远》，似乎是在向他的从弟同时也是他最亲爱的朋友陶敬远表明自己的心志：

寝迹衡门下，邈与世相绝。（我隐居于茅屋之中，与外界完全地隔绝了。）

顾盼莫谁知，荆扉昼常闭。（世间既已无人能知我，所以柴门即便是白天也一直关着。）

凄凄岁暮风，翳翳经日雪。（岁暮的长风发出悲凄的号叫，雪已经无休无止地下了一日。）

倾耳无希声，在目皓已洁。（我倾耳去听，似乎并没有任何的声响，但是睁眼一看，却已是满目无垠的洁白。）

劲气侵襟袖，箪瓢谢屡设。（寒气侵入了我的襟袖，颜回那一箪食一瓢饮的窘境我是早已习惯。）

萧索空宇中，了无一可悦。（空空的家里也没有其他的东西可以让我感到愉悦。）

历览千载书，时时见遗烈。（只好把前贤的书籍再拿来阅读，在这些书里我常常看见为君王献出生命的烈士。）

高操非所攀，谬得固穷节。（他们那样高尚的道德不是我所能做到的，我只求自己能遵守孔子“君子固穷”的教导。）

平津苟不由，栖迟讵为拙。（平路既然不是我所能走的，那么隐居于山中也不能说是一件蠢事吧。）

寄意一言外，兹契谁能别。（我把这意思告诉你，除了你之外大概也没有别的人能理解我了。）

这诗写于十二月，而正是在那一年的十二月，桓玄篡位，改国号为大楚，可见陶渊明写这首诗是有深意的。“顾盼莫谁知，荆扉昼常闭”，这是说陶渊明已经为人所误解，他以前的朋友可能都已经不再来拜访他了。“倾耳无希声，在目皓已洁”，则是在说自己虽然并不愿意去辩解，但自己的人格却是如雪一般纯净的。“高操非所攀，谬得固穷节”，则是在说自己并不愿意如前人那样迂腐地为晋王朝献身，但也不愿意为了富贵而为新的王朝效命。

到这时候，陶渊明已经对桓玄彻底绝望了。然而此前，在春天，也就是桓玄刚刚进入建康的时候，陶渊明还是满心欢喜地以为桓玄会扫清寰宇，中兴晋室，这可以从他那一年春天写的诗《癸卯岁始春怀古田舍二首》之一看出来：

先师有遗训，忧道不忧贫。

瞻望邈难逮，转欲志长勤。

秉耒欢时务，解颜劝农人。

平畴交远风，良苗亦怀新。

虽未量岁功，即事多所欣。

耕种有时息，行者无问津。

日入相与归，壶浆劳近邻。

长吟掩柴门，聊为陇亩民。

这首诗我就不强为解人逐句翻译了，只述其大意：先师有“忧道不忧贫”的教导，我虽然很崇敬但是却无法做到，所以还是要勤快一点到地里去劳作。拿着耒耜欢快地劳动，开心地劝勉村民们，好让他们更勤快一些。平坦的田地春风吹拂，即便是刚种下的秧苗也因这崭新的一切而感到鼓舞，虽然还不知道收成如何，但是已足以让我感到欢欣。累了的时候也会在田地里休息，路上来往的人都不会来问路。太阳下山了我们就一起回家，还问邻居讨水来喝。我吟着诗篇把柴门掩上，暂时安安心心地做个农民也是挺不错的。

这首诗，表面上写的是春天时劳作的情景，但“平畴交远风，良苗亦怀新。虽未量岁功，即事多所欣”，却不能不让人想到陶渊明写的其实是他在得到桓玄进入建康的消息之后的鼓舞雀跃以及对桓玄的期许。“长吟掩柴门，聊为陇亩民”中的“聊”字，也充分表明了陶渊明当时的心态——他虽然乐于劳作，但却深信自己终究还是要在守制结束之后出仕，去帮助桓玄整理朝纲。

然而陶渊明很快就为自己在政治上的无知和幼稚付出了代价。到八月，桓玄就已经自号相国、楚王，十二月，他就称帝登基了。陶渊明当时的绝望与自责，可以想见。

然而命运似乎还没有把陶渊明戏耍够。四十岁的时候，也就是晋安帝元兴三年（404），他守制结束，再一次出仕，成为建威将军刘裕的参军。那也是桓玄败亡的一年，北府兵出身的刘裕控制了朝廷中枢。当时刘裕镇京口，陶渊明在从寻阳到京口去的路上写了一首诗，就是《始作镇军参军经曲阿（今江苏丹阳）作》。从这首诗的内容看，陶渊明此次的出仕是很被动的，他对一路上的风景都感到厌倦了，一心只想念着位于庐山脚下的园田居，以至于看到天上的鸟儿和水里的游鱼都感到惭愧，因为鸟儿和游鱼都是自由的。于是他只好寻找借口来安慰自己说只要内心仍然自由，肉体的拘束也就无关紧要了，并且进一步发誓说自己迟早还是要回归田园，现在只是暂时随着命运的流转而行动，但最后仍然要回到仁者的草庐里去居住。

其实直到此时，陶渊明仍然对自己的仕途抱有希望，这种希望指的并不是他以为自己能升官发财飞黄腾达，而是指他作为一个儒者所持有的那种信念，即“兼济天下”的愿望与使命感。

陶渊明在镇军参军的位置上并没有待多久，很快他就回到江州，成为建威将军刘敬宣的参军。到江州去有可能是陶渊明主动要求的，一方面他很可能并不喜欢刘裕，因为刘裕骨子里是一个老兵，而不是一个贵族，陶渊明这样的有名士气质的人与他相处必定格格不入；另一方面江州也离家较近。然而建威参军其实也不是陶渊明的最终目的，因为刘敬宣是刘牢之的儿子，而刘牢之还曾经是刘裕的老上司（已经被刘裕逼得自杀了），也是北府兵出身，而且刘牢之比起刘裕还更进一步，他更是常常因为自己的出身而感到自卑（他先是因这种自卑背叛了王恭，之后又背叛了司马元显，最后在他要背叛桓玄的时候，他的部下终于都背叛了他，把他抛弃了，于是他不得不自杀）。刘敬宣的情形应该不会与他的父亲相差太远，因此陶渊明很可能只是把建威参军这个职务作为跳板——他到任不到一年，就求为彭泽令。彭泽离他的家就更近了，然而他此时已经对当官这件事情很不耐烦了，在当了八十多天的县令之后，就把官印一扔跑回家去了。

关于陶渊明弃官的原因，后人说法很多。有人以为陶渊明是因为发现了刘裕有不臣之心才弃官而归的，这显然太过夸张了，因为刘裕篡晋是在陶渊明弃官归隐十五年以后才发生的。更多的人以为陶渊明就是如史传里说的，是因为不耐烦面对来检查工作的督邮才弃官的。还有一些人则根据《归去来兮辞》，指出陶渊明只是因为他的妹妹去世了，他急于奔丧才弃官的。我以为所谓的发现刘裕有不臣之心的说法肯定是太过不经了，这是后人为了把陶渊明塑造成一个忠臣义士而强加在他身上的，至于不肯“为五斗米折腰”见督邮和因妹妹的去世而离开，虽然都算得上是理由，但最多也只能说是导火索，真正的原因是陶渊明早已下定决心不在官场里混了。经过了桓玄的事情，一方面他认清了自己的缺点所在，即在政治方面比较无能，另一方面他也因为与桓玄的关系而在官场上前途黯淡。既然如此，还不如归隐算了。至于出任建威参军和彭泽令，只不过如他所说的，是“以为三径之资”，也就是为后来的归隐做财务上的准备罢了。

陶渊明不肯见督邮，与他的曾祖陶侃有意无意地形成了有趣的对应。一方面是陶侃以前也曾经做过督邮，而陶渊明却把督邮斥为“乡里小儿”，极端地看不起；另一方面是，陶侃也曾经作为一个官员而不得不接受“乡里小儿”的工作检查，但是他的应对方式却与陶渊明有天壤之别。

《晋书·陶侃传》里说，陶侃先是做庐江太守张夔的督邮，之后又去做枞阳（今安徽枞阳）令，有能名，张夔于是又召他回来做主簿。这时有州从事到郡里来检查工作，说是检查工作，其实就是下来挑刺敲诈勒索。一般的官员对这些人都是好言好语，临走时再奉上丰厚的红包。但陶侃却不吃这一套，他把官衙的大门关上，先把手下人训诫了一顿，让他们不可妄动，然后对那个州从事说：“如果鄙郡有什么地方做错了，您就按着条例来惩治就是了，不要苦苦相逼。如果您对我们无礼，我自然也有办法来对付您！”州从事听到这番话，只好灰溜溜地回去了。

所以陶侃最后做到都督八州军事、荆州刺史、长沙郡公的高位绝不是偶然的，而陶渊明作为陶侃的后裔，却完全没有陶侃在政治方面的才能。在面对督邮的时候，他首先想到的是不愿“为五斗米折腰”，然而他却忘了，其实面对这些“乡里小儿”，还有更好的办法，并不一定非得折腰不可。

对陶渊明的弃官归隐，后人称赏有加的多，但也有一些人，却从别的角度来看这件事，并对此提出批评。比如南宋人章如愚就以为陶渊明不愿见督邮，不免失之于怯懦。

另一个南宋人陈渊则以为陶渊明“或几于道矣，于义则未也”①，实际上是指陶渊明的思想更接近于道家，而如果用儒家的观点来看，则陶渊明不免有些不义。

---

① 《默堂集》卷十六《答翁子静论陶渊明》。

清代的方东树与陈渊所持的观点比较接近，以为陶渊明还没有资格传承儒家之道统，因为陶渊明主张“纵浪大化”①，而圣人的主张，却是勇猛精进、前仆后继，所谓“尽性至命”，绝没有退缩的道理。

相较而言，明代刘基对陶渊明的评价似乎更客观一些。刘基的《题李伯时画渊明归来图》中有四句道：“我才非管、葛，谁能起沦沉。所以歌去来，归卧五柳阴。”刘基非常明确地提到陶渊明在政治才能上的缺失，并因此而对陶渊明的归隐抱理解之态度。

“盥濯息檐下，斗酒散襟颜”

陶渊明作《归去来兮辞》时是四十一岁，那时他的酒瘾已经很大了。史传中说他为彭泽令时，有公田数十亩，这公田上的所有出产都是他的薪资，原本他要把这几十亩田地全都拿来种秫以酿酒，后来因为妻子反对，才一半种秫一半种稻。《归去来兮辞》里也说，他之所以求为彭泽令，一方面是因为他“心惮远役”，而彭泽离家较近，另一方面也是因为“公田之利，足以为酒”。在他四十多岁时写的《连雨独饮》中，提到了在饮酒时所体会到的快乐：“故老赠余酒，乃言饮得仙。试酌百情远，重觞忽忘天。”小酌几杯，已是俗虑皆消，再尽兴喝下去，就连自己是谁也忘却了。

陶渊明当时的家境似还较宽裕，所以不愁没有酒喝。晋安帝义

---

① 《形影神·神释》：纵浪大化中，不喜亦不惧，应尽便须尽，无复独多虑。

熙四年（408）六月，陶渊明四十四岁，他在柴桑的祖居园田居被火烧毁。陶渊明并不特别发愁，甚至还有心情作诗记叙此事。在《戊申岁六月中遇火》这首诗里，他提到了他朴素的人生理想，就是“鼓腹无所思，朝起暮归眠”。房屋被烧毁了，他们一家人就暂时居住于停泊在房前的船里，待房屋修葺完毕，一家人又搬了回去。

这一段时间陶渊明的隐居生活可以说是幸福的，虽然辛苦，但却快乐。田家生活是辛苦的，日出而作，日落而息，但却不会遭到出仕者常常要遭到的“异患”，辛苦一天之后，只要几杯酒下肚，疲劳也就消散了。

这时的陶渊明酒瘾虽大，但喝起来还是有节制的。在他大概五十岁时写的著名诗篇《形影神》中，他写道：“日醉或能忘，将非促龄具?”饮酒或能消忧，但也不免把身体弄坏而导致短寿。因此他的生命哲学既不是如“形”（代表人的肉体）那般“愿君取吾言，得酒莫苟辞”，也不是如“影”（代表人求名的欲望）那般因为想着“身没名亦尽”而“念之五情热”，而是要像“神”（代表人的灵魂）那样“纵浪大化中，不喜亦不惧，应尽便须尽，无复独多虑”。

这一段时间可能是陶渊明一生中最好的时光。

“屡缺清酤至， 无以乐当年”

王弘到江州的时候，陶渊明大概五十四岁，那时已是义熙十四年（418），刘裕已进位宋公。眼看着晋室气数已尽，改朝换代已是指日可待的事了，而陶渊明的家境，似乎比他四十多岁时大有不如，比较容易找到的证据就是：他经常没有酒喝了。

《岁暮和张常侍》这首诗，大概就是在晋宋易代的那几年写的，里面就已经有“屡缺清酤至，无以乐当年”的句子。在另一首写作年代相近的题为《九日闲居》的诗的序里，陶渊明也说“秋菊盈园，而持醪靡由”。本来菊花是最好下酒的，因为晋人多以为菊花酒可以延年益寿，而陶渊明也有“采菊东篱下，悠然见南山”的诗句，而现在正当重九，菊花盛放之时，却没有酒喝，于陶渊明而言必定是一件大煞风景的事情。

幸好王弘对陶渊明还很照顾。王弘是王导的曾孙，也是名门之后，很得刘裕的信任，当时位至江州刺史。王弘官位虽高，但是他并没有以势压人，反而对陶渊明很尊重。他想与陶渊明结交，被陶渊明拒绝了，就找到陶渊明的至交庞通之，请庞通之带着酒，趁陶渊明上庐山去拜访慧远的时候，在半道一个叫栗里的地方拦住陶渊明，请陶渊明喝酒，而王弘就趁着陶渊明酒兴正酣时出来与陶渊明相见。陶渊明本来就是一个性格温和的人，看到王弘对自己也很客气，最重要的是王弘并没有逼着自己出仕，所以也就接受了王弘的好意。王弘在江州大概待了三年，与陶渊明的交往很是频繁，而他每次去见陶渊明或者请陶渊明来见自己，自然都少不了饮酒。史传中就说九月九日，陶渊明坐在菊丛中而没有酒喝，正在自怨自叹的时候，王弘穿着白衣带着酒来了，可见王弘对陶渊明的了解和二人亲密的程度。

当时另一个给陶渊明送酒的人，也是一个大名士，叫颜延之。颜延之在当时以文才卓越知名于世，与谢灵运并称“颜谢”。颜延之之前在做后将军、江州刺史刘柳的后军功曹的时候，就已经与陶渊明相识，两人结为忘年交（陶渊明与颜延之相差二十岁），经常在一起饮酒。后来颜延之离开寻阳，官也当得越来越大。陶渊明六十岁时，也就是元嘉元年（424）时，颜延之因为与太子左卫率谢灵运、南豫州刺史庐陵王义真密谋夺取政权，被贬官到始安郡（今广西桂林）去，路经寻阳，又来找陶渊明饮酒，并送陶渊明二万钱，陶渊明把这些钱全都送到酒家去了。二万钱似乎是很大一笔钱，以至于有人奇怪陶渊明为什么不把这笔钱拿来买地，但是据袁宗霈先生的考证，二万钱在当时也只不过能买二十几斗米罢了。

然而后来的事，却证明这二万钱本来其实可以成为陶渊明的救命钱。因为到元嘉三年（426），陶渊明六十二岁时，天下大旱，到处都有蝗灾，陶渊明落入极度穷困之境地，然而颜延之送给他的二万钱却被他拿去喝酒喝光了。《乞食》诗有可能就是这时候写的，其中写道："饥来驱我去，不知竟何之。行行至斯里，叩门拙言辞。主人解余意，遗赠副虚期。……感子漂母惠，愧我非韩才。衔戢知何谢，冥报以相贻。"陶渊明已经饿到必须叩门乞食之地步，而一饭之恩，竟无以相报，因为他自知没有韩信那样的才干，不能像韩信报答漂母那样报答给他饭吃的主人，所以只能对主人说死后再报答了。

"人生实难， 死如之何"

陶渊明的晚年可以说是极度凄惨，然而他并没有因此而改变自己远离官场归隐田园的初衷。他虽然作诗说为了活命，即便是嗟来之食也不可拒绝，但是当他真的碰到了嗟来之食的时候，他的表现却与他在诗歌中所主张的相反。元嘉四年（427），檀道济任江州刺史，他带着米和肉来接济陶渊明，并对陶渊明说：“今子生文明之世，奈何自苦如此?”意思就是现在是太平盛世，你没有必要继续隐居，以至穷困如斯。然而陶渊明却没有接受，而是“麾而去之”。

在这一年的九月，陶渊明病重，他作了《自祭文》和《拟挽歌辞》，在《自祭文》中他写道：

丁卯年的秋天，天很冷，夜也很长。天气萧索，大雁南飞，树叶飘落。陶子将像离开旅馆一样离开自己的生命，回到原本的家里去了。故人因此而感到伤悲，在今晚为我送行。用新鲜的蔬菜和清酒来祭奠我，看着我的容颜渐渐变得晦暗，声音越来越微弱。呜呼哀哉！大地茫茫，苍天悠悠，自然化生万物，我生而为人，然而运气却很坏，经常没有饭吃，冬天没有棉衣穿而必须穿着夏天的单衣。虽然劳作很辛苦，但是在田地里浇谷却也让我感到欢欣，上山砍柴时也常常高声歌唱，柴门默默地守候着我，看着我日出而作，日落而息。春天过去了，秋天来了，我在田园里不停地劳作，播种、收割、培植、嫁接……有时会因收到友人的来信而欢欣，有时也会弹起琴来与友人相和歌唱。冬天我喜欢晒太阳，夏天我喜欢在清泉里洗脚。虽然劳作繁忙以至于没有时间做别的事，但内心却是闲适安静的。我归顺于命运所安排的一切，一直到死。这不到百年的人生，是每个人所宝贵的，众人都因为担心自己一事无成而格外地珍惜时间和生命，只有这样的人，活着时才能为世人所珍重，死去了也能为亲友所怀念。然而我一直都在独行，和这些人全不一样。我从不因受到别人的宠爱而感到光荣，也不因别人的污辱而自惭形秽。我为了自己的傲气而孤独地待在贫穷的家里，满足于喝酒和作诗。即便是通晓命运和人生的人，也难免要眷恋人世，但是我今天死时，内心却已没有遗憾。我活得也够久了，一生都按着自己的期望在山野间隐居，还有什么值得留恋的呢？寒来暑往，生死异处，亲戚和朋友们知道我要死了，都连夜赶来，他们把我安葬在荒野里以让我的灵魂得到安宁。我默默地离开，我的墓门萧索冷清，我不愿意像宋国的桓魋那样厚葬，却也不愿像西汉的杨王孙那样裸身入土，一切都消灭了，还在乎这些做什么呢？不要为我起高坟，也不要为我栽墓树，让我随着时间而消逝吧。生前的赞誉我都不在乎，死后的那些歌颂我就更不看重了。人生确实是艰难的，那么死后又是怎样的情形呢？呜呼哀哉！

陶渊明大概是死在元嘉四年的十一月，在颜延之为陶渊明写的诔文中提到，他死于他中年时染上的旧病。他的死亡是平静的。他的晚年虽然凄惨，但若与当时的其他几人相比，比如谢灵运最后是在广州被弃市，也就是在街上被当众砍了头，檀道济是被诛了三族，颜延之虽然得以终老，但晚年却差点死在自己儿子手上①，陶渊明的死，也可以说是幸运的吧！至少，他的一生是按照自己的意愿来过的，而他面对死亡也很通达，“死去何所道？托体同山阿”，这样

① 据《宋书·颜延之传》。

的情怀，很为后来的人钦佩和羡慕。

从隐士到圣人

与陶渊明同时代及稍后的人，对陶渊明的评价并不是特别的高，像颜延之虽然是陶渊明的好友，但他也只是说“赋诗归来，高蹈独善”①，仅仅把陶渊明看成一个独善其身的隐士。南北朝的沈约所作之《宋书》、唐人令狐德棻所作之《晋书》以及唐人李延寿所作之《南史》，都把陶渊明归入隐逸传里。对陶渊明诗文的评价也同样如此，在晋宋之间，享有大名的文士是谢灵运和颜延之这样的人物，陶渊明的诗文简直可以说是默默无闻。颜延之对陶渊明的文章评价并不高，只说“文取指达”，在以词藻华美为尚的当时，这样的评价可以说是一种委婉的批评。钟嵘的《诗品》里，把谢灵运列为上品，却把陶渊明列入中品。第一个对陶渊明的诗文大加称赏的是南朝的萧统，在《陶渊明集序》中，他写道：“尝谓有能读渊明之文者，驰竞之情遣，鄙吝之意祛，贪夫可以廉，懦夫可以立，岂止仁义可蹈，亦乃爵禄可辞！”萧统这是认为读陶渊明的诗文可以净化人的灵魂，使人不再争名夺利，不再斤斤计较，贪婪者变得廉洁，懦弱者变得勇敢。不单是可让人走上仁义的大道，抛弃爵位和荣禄而已。

唐以后对陶渊明的人格与诗文的评价越来越高，欧阳修说“晋无文章，惟陶渊明《归去来》一篇而已”，苏轼说“曹、刘、鲍、

---

① 颜延之：《陶征士诔》。

谢诸人莫及”，黄庭坚将他与诸葛亮相提并论，朱熹说“陶元亮自以晋世宰辅，耻复屈身后代，自刘裕篡夺势成，遂不肯仕”，为陶渊明忠臣义士的形象定性。陆九渊又说“李白、杜甫、陶渊明，皆有志于吾道”，不仅把陶渊明和李白、杜甫这样众人所公认的大诗人并列，并且把陶渊明归为儒家道统的传承者，以至于后来更有人把陶渊明与颜渊相提并论，陶渊明的形象逐渐地被神圣化，终于成为中国的文人“高山仰止，景行行止”的偶像。

但他其实只满足于做一个有酒喝的农民

然而我一直以为陶渊明只是一个普通的文人罢了，他的性格温和，有时有些软弱，身上还不乏世家子弟所不免的其他一些缺点，比如好饮酒，比如缺少政治才能。当时与他一样缺少政治才能的世家子弟还有桓玄与谢灵运——中国文人有一种奇怪的错觉，往往会以为诗文写得好，也必定有治国安天下的才能，一旦当权者不用，他们还会牢骚满腹，甚至铤而走险，谢灵运就是这样的人。陶渊明比谢灵运好的地方是他没有谢灵运那样的功利心，他在政治上浅尝辄止，一碰到挫折，就清醒地意识到自己缺乏这方面的才能。他在《乞食》诗里所说的“愧我非韩才”，绝不是自谦之词，而是对自己清醒的认识。而一旦认识到这点，他归隐的决心就益发地坚定了。

他在诗文上的成就同样基于他的恬淡的内心，他所写的一切都不过是一种生活实录和消遣。他并没有指望通过这些诗文博取名誉或金钱，然而这样的写作遇上他那真诚无伪的本心，却发生了让人惊叹的反应，成就了前无古人后无来者的伟大作品。

然而这一切的赞誉陶渊明都不可能知道了，其实即便知道他大约也只不过会淡淡地一笑吧。他自己早就说过“匪贵前誉，孰重后歌”的话，唯一让他牵挂的只有他那五个儿子。在《责子》诗里，他就已经半开玩笑地责怪自己的儿子们都不成器，后来也正如他所料，这五个儿子里没有一个能够有所成就，他们大约都已经成为真正的农民了。这或许也是陶渊明所期望的。陶渊明终其一生，都没有能够成为一个真正的农民，在中晚年，他不断地抛弃自己从父辈那里所继承来的一切，而这一切正是他的曾祖陶侃所热衷的。他终于还是没有成功，反倒阴差阳错地成为一个世人眼中完美无瑕的大圣人。

白居易有一首《访陶公旧宅》，末尾几句写道：“柴桑古村落，栗里旧山川。不见篱下菊，但余墟里烟。子孙虽无闻，族氏犹未迁。每逢姓陶人，使我心依然。”陶渊明若能读到这几句诗，或许会感到欣然吧。

附：

陶渊明最让我感到钦佩的地方，是他在彭泽令任上的时候，派了一个仆役回去帮自己的儿子干活。在给儿子的信中，他叮嘱儿子要好好对待此人，因为“此亦人子也”，就是说，他也是跟你一样，都是父母生父母养的，在别人看来或许只是微不足道的一个苦力，但在他的父母看来却无疑是天底下最重要最不可或缺的一个人。这样朴素然而却深切的对人的情感，在中国的文人里面是很少见的。孟子虽然说“老吾老以及人之老，幼吾幼以及人之幼”，但他的观点是从伦理和政治的角度出发而得出的。而陶渊明的观点却是纯粹从“人”本身出发而得出的，只要是一个人，那么不论他出身高低贵贱，也不论他有无知识，都应该得到作为一个人所应得的尊重，这也是陶渊明在归隐之后能够不耻躬耕的原因，是他能够与老农们“共话桑麻长”的原因，同时也是他在死前能够说“陶子将辞逆旅之馆，复归于本宅”的原因。正如他在《连雨独饮》诗里所说的：“形骸久已化，心在复何言。”无论外在的一切如何变化，存在于他内心深处的作为一个人所应有的自由和自尊是不会失去的。只有这样强大的内心，才能支撑起这样一个始终能够真诚地对人对己的陶渊明，同时也使他的诗歌和文章始终散发出真诚而又朴质的光芒，照耀着自晋末以来一千余年的文学史，令人景仰，且无法企及。

朱　熹

胡纮

胡纮，《宋史》有传，说他字应期，处州遂昌（在今浙江丽水市）人，淳熙中举进士，绍熙五年（1194）以京镗荐监都进奏院，迁司农寺主簿、秘书郎，韩侂胄用事，擢纮为监察御史，之后又改太常少卿。

让胡纮名垂青史的那篇攻击朱熹的奏折，就是他在任监察御史时写的。他写完之后，因为已经由监察御史改太常少卿，不能再以风闻弹劾大臣了，就把自己的奏稿交给了沈继祖。沈继祖如获至宝，在胡纮加给朱熹的六条罪状之外，又捕风捉影地加上了十条罪状，共计十六罪，此弹劾与“文化大革命”的大字报类似，各种夸大其词，各种歪曲事实，各种诬蔑造谣，在当时即已掀起大波澜——朱熹不仅落职罢祠，且更有人提出要把朱熹斩首（宋朝不杀文人是祖训），流传至今，更是贻害匪浅。

回来说胡纮，这也是一个妄人，且心眼儿极小，睚眦必报。据叶绍翁的《四朝闻见录》，胡纮有一次到衢州去，“从太守觅舟”，“客次偶与水心先生遇”。“水心”是叶适的号，叶适亦是南宋一大儒，当时尚未考中进士，正在家侍母读书。胡纮此时已是进士且估计已当了官，都能“从太守觅舟”了，因此“气势凌乎”，很看不起叶适这个穷书生。“若宿与不合者，厉声问先生曰：‘高姓仙里?’先生应之曰：‘永嘉叶适。’”这对话就很有意思，胡纮问人姓名家乡，尊敬的大概应该是“先生贵姓”云云，胡纮却是连个称呼都没有，而且还是厉声而问，这种人给人的印象就是三个字：“不靠谱”。而叶适虽然还很年轻（二十八岁中的进士，中进士几个月后其母去世），但应该是已享大名，因此看起来很简单，但其实是很自傲也很冷漠地答了四个字“永嘉叶适”。胡纮似乎没听说过叶適的名字，又或者听说过了却也不在乎，又“诘之曰：‘足下何干至此?’先生对曰：‘亲病求医。’纮笑，以手自摇其紫窄带，叹曰：‘此所谓亲病在床，入山采药。’”“紫窄带”应为紫色的窄腰带（据《建炎以来朝野杂记》，南渡后士大夫多服紫窄衫）。胡纮一边摇着自己的腰带（炫耀自己已当官）一边说话，已经是很轻浮了，而听到人家亲人生病，不是出语安慰，反倒莫明其妙地说什么“亲病在床，入山采药”。于是叶適也就“怃然，莫知其所以见讶者”了。这时反转来了，太守听说叶適在外面，人家素知水心先生大名，立即就请进去相见了，反倒让典谒（掌管宾客请见事务的小官）告诉胡纮，让胡纮先等一等。这时胡纮大概气得张口结舌满面通红了吧。

胡纮后来攻击赵汝愚，虽然主要是因为希韩侂胄之意以求升官，但亦有复仇的意图在里面。《四朝闻见录》说胡纮入京试宰后回福建去见当时帅福建的赵汝愚，求赵帮忙，以便入朝为官。赵汝愚本来就讨厌名利之徒，而且他自己状元及第，且是宗室，现在还在福建呢，你胡纮是个什么货色，居然就想因为“科第尝阶上游，冀归里列”? 但胡纮是个狂生，超级自傲且自恋，因此对赵汝愚恨之入骨。

胡纮与朱熹结仇，还在与赵汝愚生怨之前。胡纮去见赵汝愚前，先绕道到武夷山去见朱熹。关于胡纮与朱熹的关系，世人多说胡是朱的学生，还有人把胡列入叛徒的名单里去，但《四朝闻见录》提及胡纮之见朱熹，是如此说的：“纮未谒忠定，尝迂道谒考亭先生于武夷精舍。”“考亭先生”就是朱熹，注意，叶绍翁用了“谒”字，正与胡纮之谒忠定相同，可见叶绍翁并不以为胡是朱熹的学生。

他去见朱熹，其目的或许与见赵汝愚相同，都是希望他们能帮助自己回京当官。关于胡纮非朱熹学生这一点，还有《朱子语类》可为旁证，第一百三十二卷中说，有一天弟子陈枅单独侍坐，朱熹忽然皱着眉头说："赵（汝愚）丞相被贬谪，好像是因为胡纮。"陈枅问："不知老师认不认识胡纮。"朱熹说："以前也认识他的。此人颇记得不少文字，任莆阳令时也治理得不错，就是朋友们都说他性格狠愎。"无论是从陈枅的问话还是朱熹的答话上看，都可证明胡纮不是朱熹的弟子。另外，朱熹与弟子这段对话还提供了新信息，即胡纮在京镗荐入里列之前，曾在莆阳为县令。莆阳即今之莆田，在福建，当时正好就为赵汝愚所辖。

另外，关于"试宰"一词，我没有查到明确的解释，不过唐诗有《送武进郑明府》，中有"弦歌试宰日"云云，李白又有《别中都明府兄》，中有"试宰中都天下闻"的句子，明府是县令别称，则"试宰"应该是县令任期已满回京磨勘转官之雅称。

回来再说朱熹与胡纮的结仇。关于这一点，似乎又有必要先谈谈武夷精舍。淳熙十年（1183）正月朱熹请祠得遂，主管台州崇道观，当年四月武夷精舍建成。此精舍位于武夷山九曲溪，类似于朱熹主导建成的一个道学强化训练营，里面的人都是道学清教徒。朱熹一方面是因为奉祠之后俸禄减半，确实养不起那么多的学生，而他又不愿意接受别人的资助（在请祠期间，因为没有收入，他甚至曾想买田淮上，前去耕荒取食），另一方面也想借此磨砺学生们的道德气节，所以让学生们自己动手建成此精舍。朱熹和学生们的日常生活也十分俭朴，吃的是脱粟饭，茄子熟时"用薑醯浸三四枚共食"（《四朝闻见录·胡纮李沐》）。胡纮上武夷山去见朱熹时，朱熹和学生们的生活情形，大约便是如此。

胡纮是一个自视极高的人，当时大小也是一个县令，他是去“谒”朱熹，而不是去问学或求学，但朱熹对他却没有什么特别的招待，仍是以脱粟饭待之。胡纮下山之后愤愤不平，以为自己受了轻慢，“此非人情，只鸡樽酒，山中未为乏也”（《四朝闻见录·胡纮李沐》中胡纮之语）。胡纮认为我大老远来拜访你，你却拿脱粟饭和茄子来招待我，连鸡也不杀一只，连酒也不上一杯，难道山里连鸡连酒都没有吗？朱熹大约以为我这里无酒无鸡是理所当然人所共知的事，是以没有解释，却于不知不觉间得罪了胡纮。

这也便是后来胡纮草疏弹劾朱熹的初因，这弹劾已经是庆元二年（1196）时的事了，皇帝换了两轮，朱老夫子自己肯定完全想不起来，究竟是在何时何地，得罪过这位新任监察御史了。

林栗

朱老夫子这一辈子得罪的人多了，胡纮只是其中之一，但胡纮是一个小人，君子小人本不相容，因此得罪了也就得罪了。而淳熙十五年（1188）朱熹得罪兵部侍郎林栗，则是中了小人之奸计而不自知，说起来殊为可惜。

淳熙十四年（1187）二月周必大进为右相，开始引荐道学之士入朝以张大自己的声势，朱熹为杨万里等人所荐，朝廷除其为江西提刑。到淳熙十五年二月，尚书省又下札，命朱熹先入临安奏事，然后再赴江西提刑任。

当时在朝廷中与右相周必大相抗之势力以左相王淮为首领——

此人下文提到唐仲友时还要涉及，这里先略过。朱熹得了尚书省的札子后，因王淮还在位，颇为犹豫，一直在玉山（今江西境内）徘徊，直到当年五月王淮罢相，朱熹才北上入临安奏事。

道学一派，特别是朱熹的弟子和友人们，对他的这一次入都奏事抱有极高的期望，直接说的话，就是他们——可能也包括朱熹自己——都期望皇帝会把朱熹留中讲读，而不是让他到江西去。六月初七日朱熹与孝宗的对谈，又进一步证明了这一点，朱熹说："蒙除江西提刑，衰朽多疾，不任使令。"皇帝说："知卿刚正，只留卿在这里，待与清要差遣。"

然而就在道学派以为胜利在望的时候，却半路杀出了个程咬金，把事情给搅黄了。

朱熹五月下旬来到临安，住进了接待院，六月初一日兵部侍郎林栗就迫不及待地来拜访了。

林栗这个人，《宋史》有传，称其"强介有才，而性狷急"。他之所以到接待院来拜访朱熹，倒不一定是有人唆使，之前他们二人关于《易》和《西铭》的一些问题就有书信来往，两人的意见可谓针锋相对。这一次既然朱熹到临安来了，强介有才而又性格狷急的林栗自然不免要来与朱熹面争高下。

关于这一次的舌战，林栗一方的叙述已经无法找到，目前只能看到朱熹单方面的叙述。双方的交谈真可说是火药味十足，比如朱熹认为在"无极"的问题上邵雍已经说得清楚明白且无可辩驳了，而林栗则说自己著书"正欲攻康节（邵雍）尔！"，朱熹回道："康节未易攻，侍郎且更仔细，若此论不改，恐终为有识者笑也。"林栗则恼羞成怒，道："正要人笑！"

林栗的羞恼自有其理由，理论上的胜败异同且不说，就年龄、资历和官职来看，林栗都要高于朱熹。林栗是绍兴十二年（1142）登进士第，朱熹绍兴十二年时年仅十三，还是一个孩子。绍兴十八年（1148）朱熹登进士第，二十一年（1151）授左迪功郎、同安县主簿，到淳熙十五年除江西提刑，其职位相当于现在的江西省公安厅厅长。而林栗登进士第后调崇仁尉，之后是南安军教授、太学正、守太常博士、屯田员外郎、皇子恭王府直讲，出知江州，又调回中央任吏部员外郎等职，到淳熙十五年，已经是兵部侍郎，相当于国防部副部长。一个副部长去拜访一个厅长，不仅没有得到他期望中的尊敬，反倒被一顿羞辱，自然要恼羞成怒。朱熹自己并没有意识到有什么不妥，在他看来，既然林栗是来和自己讨论学术问题的，那么就应该以理相争寸步不让。《朱子语类》第一百二十三卷谈及此事，朱老夫子说："某与林黄中（林栗字黄中）争辩一事，至今亦只是说：'不以为悔！'夫道若大路然，何掩蔽之有?"在他看来，真理面前人人平等，别说你是副部长，便是皇帝亲自来了，他也只是针锋相对寸土必争。

这是发生于六月初一的事，到六月初七朱熹去见皇帝，一切都还正常，皇帝说要留朱熹在临安，"待与清要差遣"。然而到了第二天，即六月初八日，差遣下来了，却不是经筵侍讲，而是兵部郎官。

这一夜究竟发生了什么事，正史野史中都没有明确的线索。我猜想有两方面的原因，其一自然是朱熹的刚正和唠叨让皇帝害怕了，不想把他留在身边天天听他讲正心诚意，其二则是小人使诈。皇帝不想听朱熹唠叨，最多不让他做经筵侍讲就是了，不一定非要除兵部郎官不可。六月一日朱熹与林栗相争，当时必定已经有许多人知道，但皇帝是否知道，就很难说了。皇帝本来想让朱熹侍讲，临时又后悔了，那么该给朱熹什么官职呢？这时身边若有一个亲近大臣进言，说不如除兵部郎官吧，或者皇帝索性就把定朱熹官职这事儿交给下面的人去办，那下面的人定个兵部郎官，皇帝自然也无话可说。

韩愈有诗云“郎官清要为世称”，可见兵部郎官确为清要之职，然而关键是这个职位本是别人的，在林栗弹劾朱熹的奏折中有这么几句：“兵部郎官，本系大宗正丞计衡兼权，以熹之故，移计衡于都官，而以兵部处熹……”原本这个职位是大宗正丞计衡兼权，为了把朱熹安排到兵部，他们不得不先把计衡的兼职转为刑部郎官（“都官”为刑部尚书别称），然后再除朱熹为兵部郎官，可见他们为了把朱熹安排进兵部真是费了老大的劲。

差遣下来之后，即便是不通世故如朱熹者，亦明白自己绝不能去赴职，否则必定要被自己的顶头上司兵部侍郎林栗穿小鞋，更何况道学派本来希望他留中讲读，兵部郎官一职对他们没有多大的意义。但是他也不能跟皇帝直接说自己与林栗不和，所以不能接受这个差遣，只好先以自己有脚疾为由请假——朱熹当时确实已经跛足，但既然能瘸着腿从福建到临安去面圣，又岂不能瘸着腿到兵部去赴职？因此明眼人都知道朱熹为什么请假。但林栗偏偏得理不饶人，当天晚上就令部吏抱着郎官大印到朱熹住处去交割，朱熹以已请假为由拒不拜受，双方相持了一个晚上。第二天林栗上了弹劾朱熹的奏章，称朱熹“只欲回就江西提刑”，“傲睨累日，不肯供职，以为作伪，有不可掩”，又说朱熹“本无学术，徒窃张载、程颐之绪余，以为浮诞宗主，谓之‘道学’，妄自推尊。所至辄携门生十数人，习为春秋、战国之态，妄希孔、孟历聘之风，绳以治世之法，则乱臣之首，所宜禁绝也”。

这就说得很要紧了，一方面说朱熹没有学术，是剽窃张载、程颐的学说，另一方面又说他学孔子和孟子游历各国以求聘用，但孔孟游聘是战国时事，现在是太平盛世，你也来这一套，就是乱臣贼子的行为，必须禁绝。

朱熹得知林栗弹劾自己，立即于当天上了一道乞宫观的札子。闹到这个程度，孝宗再迟钝，也不可能还不了解其中的曲折，于是谓林栗的弹劾“过当”，这是以为林栗的弹劾太夸张了，但另一方面却又于六月十一日让朱熹赴江西提刑之任，这岂非以另一种方式坐实了林栗“只欲回就江西提刑”的指控？这对朱熹是一个大污辱，朱熹当然不干了。六月十二日他离开临安，走到衢州后，上了一道辞免江西提刑状，而且在辞状中他还要朝廷详申罪状，自己也直接回武夷山待罪去了。

至此道学派可以说是大败亏输，而且到最后也没有搞明白到底是什么地方出了差错，只是把仇恨集中在林栗身上。叶适时为太常博士，于六月二十日上了《辩兵部郎官朱元晦状》，指称林栗徇私欺君，诬奏不实；侍御史胡晋臣也上了弹劾林栗的折子。这时候有一个让人极度怀疑的人物出场了，他就是参知政事留正，他向孝宗提出了两罢之法，林栗出知泉州，而朱熹直宝文阁，主管西京嵩山崇福宫，此事就这样不了了之。

后来颇有人以为朱熹与林栗在学术问题上针锋相对以至于搞到两人决裂毫无必要，然而朱熹自己不这样认为，无论是对谁，他在学术问题上都是一丝不苟的，对陆九渊是如此，对林栗亦是如此。

但他并不认为林栗的学问无丝毫可取之处，《四库全书总目》“周易经传集解”条引朱彝尊《经义考》：“或曰黄中文字可毁，朱子曰：‘却是杨敬仲文字可毁。’”而朱熹的弟子兼女婿黄榦黄勉斋，对林栗更有极高的评价。然而这都是后来的事了，仅就政治上说，无论如何，朱熹和道学派们在淳熙十五年的努力失败了。

唐仲友

朱熹与唐仲友的这一段公案，最为人所熟知，也最为众说纷纭，莫衷一是。

关于此事最早的记载，见于洪迈的《夷坚志》，之后又有周密的《齐东野语》“台妓严蕊”条，其内容又比洪迈为详。但其间亦有出入：

> 天台营妓严蕊字幼芳，善琴弈歌舞、丝竹书画，色艺冠一时。间作诗词有新语，颇通古今。善逢迎，四方闻其名，有不远千里而登门者。
>
> 唐与正守台日，酒边，尝命赋红白桃花，即成《如梦令》云：“道是梨花不是，道是杏花不是，白白与红红，别是东风情味。曾记、曾记，人在武陵微醉。”与正赏之双缣。
>
> 又七夕，郡斋开宴，坐有谢元卿者，豪士也，夙闻其名，因命之赋词，以己之姓为韵。酒方行，而已成《鹊桥仙》云：“碧梧初出，桂花才吐，池上水花微谢。穿针人

在合欢楼，正月露、玉盘高泻。蛛忙鹊懒，耕慵织倦，空做古今佳话。人间刚道隔年期，指天上、方才隔夜。”元卿为之心醉，留其家半载，尽客囊橐馈赠之而归。

其后朱晦庵以使节行部至台，欲摭与正之罪，遂指其尝与蕊为滥。系狱月余，蕊虽备受棰楚，而一语不及唐，然犹不免受杖。移籍绍兴，且复就越置狱，鞫之，久不得其情。狱吏因好言诱之曰："汝何不早认，亦不过杖罪。况已经断，罪不重科，何为受此辛苦邪?”蕊答云："身为贱妓，纵是与太守有滥，科亦不至死罪。然是非真伪，岂可妄言以污士大夫，虽死不可诬也。”其辞既坚，于是再痛杖之，仍系于狱。两月之间，一再受杖，委顿几死，然声价愈腾，至彻阜陵之听。

未几，朱公改除，而岳霖商卿为宪，因贺朔之际，怜其病瘁，命之作词自陈。蕊略不构思，即口占《卜算子》云："不是爱风尘，似被前缘误。花落花开自有时，总赖东君主。去也终须去，住也如何住。若得山花插满头，莫问奴归处。”即日判令从良。继而宗室近属，纳为小妇以终身焉。《夷坚志》亦尝略载其事而不能详，余盖得之天台故家云。

《齐东野语》关于严蕊这一条，后来被收入明人冯梦龙所编《情史》及梅鼎祚所编《青泥莲花记》中，凌濛初更将这一段公案写成话本《硬勘案大儒争闲气　甘受刑侠女著芳名》，收入《二刻拍案惊奇》，流布极广。于是世人多以朱熹为非，多认唐仲友与严蕊为冤屈了。然而这一段情事的最初的源头《夷坚志》，本就是所谓“小说家言”，里面多的是狐精鬼怪魑魅魍魉的故事，连野史都算不上。《夷坚志》的作者洪迈，又被朱熹指为佞臣，与朱熹实为政敌，因此他的一家之言，究竟有多少可信之处，实在是很让人怀疑。而洪迈在录此条时，其重点明明在朱熹之事，却偏偏先以更多的篇幅叙述了吴淑姬之旧事，再以仿佛是顺带提到的口气，把朱熹与严蕊之情事带出来，其中之内容，三分可证（如岳商卿判令严蕊从良事），七分无凭［“系狱月余，备受棰楚”云云，已有朱熹弟子兼女婿黄榦所作之朱熹行状（以下简称“行状”）为证，非实事。朱熹弹劾唐仲友，“与蕊为滥”只是其中一条罪名，其他罪名尚多，洪迈皆不提及，其心可诛］，正是造谣中伤者惯用的手段。

再来看《齐东野语》。《齐东野语》与《夷坚志》不同，记事多有所据，颇可以为史事之助，不过作者周密所处的年代，距离朱唐之时已有七十余年，所记之事，多非亲历，只能依据所闻而录之，如“台妓严蕊”条末尾即云“余盖得之天台故家”，因此亦只能用以为参考。此条与《夷坚志》最重要的区别是，洪迈《夷坚志》中，并不认为唐仲友与严蕊之间完全没有暧昧，从上下文来看，洪迈反倒是在暗指唐仲友对严蕊绝非仅仅是“属目”那么简单，而周密的《齐东野语》中，却直指严蕊为冤，不知其所据何在。

此条末尾，周密自己也说，“《夷坚志》亦尝略载其事而不能详”，可见他也知道此则传闻之传承有自。我们既然已经确认洪迈所言不可信，而此条又于洪迈的中伤之外再加敷衍而又不给出证据，则此条传闻的可信性如何，也就可知了。

要厘清此事之首尾，还是要先从朱熹任提举两浙东路常平茶盐公事说起。

淳熙八年（1181），朱熹五十二岁，因为之前他在南康军任上政绩卓著，“凡活饥民大人一十二万七千六百七口，小儿九万二百七十六口”（王懋竑《朱熹年谱》，以下简称《年谱》），秋七月，朝廷除其直秘阁以示恩宠。但朱熹因为自己在南康军任上答应献粟人的恩赏一直没有兑现（朝廷未批），因此连辞了三次直秘阁。八月，浙东发生了大饥荒，朱熹在南康军又以赈灾有方而为人所称赏，宰相王淮便举荐朱熹前去浙东赈灾，朝廷即改除朱熹提举两浙东路常平茶盐公事。而朱熹亦因救灾事急，未再上辞状，而是即日单车就道。不过，他仍然因为南康军纳粟人尚未得到推赏而辞职名。

两浙东路主管绍兴、庆元、瑞安三府，婺、台、衢、处四州，常平茶盐公事是常平茶盐司的主官，有弹劾官员的权力。朱熹到任后，即采取了各种措施救荒，并出巡各州，黄榦行状云：“每出，皆乘单车，屏徒从，所历虽广，而人不知。郡县官吏惮其风采，仓皇惊惧，常若使者压其境，至有自引去者，由是所部肃然。”朱熹每次出巡，都是单车、微服，不为人所知，那些官员面对突然出现的朱熹，真如老鼠见到猫一般。朱熹在弹劾唐仲友之前，已经弹劾了多位官员，计有绍兴府兵马都监贾祐，劾其救济怠慢；绍兴府密克勤，劾其偷盗官米；婺州府金华县上户朱熙绩，劾其反抗上司，不肯赈济；衢州知州李峄，劾其掩蔽荒灾情况，反倒督责财赋。这个李峄要说一下，朱熹最先弹劾的三人还都是小虾米，这个衢州知州李峄却是不仅身处要职，在中央还有靠山，王懋竑以为是同知枢密院事谢廓然。总之朱熹在上章弹劾李峄之后，压力非常大，不得不于淳熙十年（1183）的二月回到绍兴，此后一直到七月，才再次出行，巡历绍兴府属县。弹劾唐仲友之事，即发生于这个月，朱熹原本是要到温州去，经过台州。王懋竑《年谱》云：“七月，先生巡所部，将趋温州，涉台州境，民诉太守、新除江西提刑唐仲友不法者纷纷，急趋台城，则诉者益众，至不可胜穷。”这一句非常重要，此前《年谱》中亦提到过，朱熹巡历所部，是“皆乘单车，屏徒从，所历虽广，而人不知”，是所谓微服出行，除非有朱熹身边的人透露了消息，而且此消息又经人有意放出，否则不可能有这么多人前来告状，而且这么多人几乎同时出现在朱熹的巡历路线上，不能不让人怀疑有人参与组织，否则不太可能有“则诉者益众，至不可胜穷”的情形。如果是一般的官员，或会怀疑其中另有曲折，然而性格褊急而又嫉恶如仇的朱熹却并未怀疑，或者虽然怀疑却也并不在乎。《年谱》云：“因尽得其促限催税、违法扰民、贪污淫虐、蓄养亡命、偷盗官钱、伪造官会等事，节次劾之。”

为什么会有人费那么大的劲，组织如此多的人，到朱熹面前去告唐仲友呢？这得先从唐仲友的籍贯和姻亲说起。唐仲友，字与政，婺州金华人，与时任右相、曾荐举朱熹的王淮是同乡，且王淮之妹还是唐仲友弟妇，当时也在台州。但朱熹并没有顾及王淮的面子，而是不依不饶，连着上了六状弹劾唐仲友，这样也就彻底把他与王淮的关系扯爆了。王淮先是压着朱熹的奏章不让孝宗知道，后来看看实在压不下去了，就把唐仲友的自辩状和朱熹的奏章一起送上，并称这是因学术之争（朱程学、唐苏学）而引起的相互攻讦。这是大事化小小事化了的办法，典型的官僚手段。而孝宗当时正醉心于苏学，王淮把苏学的帽子套到唐仲友的头上，又为唐仲友的脱罪加了一层保险。王淮的官僚手段并不止于此，八月十四日，王淮令朱熹继续巡历，唐仲友一案交给浙西提刑究办，八月十七日罢唐仲友江西提刑新任，八月十八日改除朱熹为江西提刑，这一招尤其狠毒。若朱熹接了这个新任，则之前的对唐仲友的弹劾皆可视为因觊觎唐仲友的官职而泼的污水；若朱熹不接这个新任，则亦只有辞职请宫观一途可以选择。王淮在除朱熹江西提刑新任时，同时还给朱熹进职二等，除直徽猷阁，是所谓软硬兼施，真可谓是八面透光，万无一失的举措，事情到了这个地步，朱熹只有辞官请祠一途了。

唐仲友是否真是一个大贪官大坏蛋，至今仍存争议，明人宋濂作有唐仲友传记，为其翻案，但被朱子后学尽数毁弃，今已无存。今日之公论，似多以唐仲友为非。朱熹单车上道，是为了救浙东之灾荒，活浙东之百姓，这一目的，终于还是没有实现。若朱熹亦是一官僚，熟知官场的手段，或可借唐仲友这一痛脚，迫使王淮在中央全力支持自己救灾，但朱熹非官僚，而是一道学家，最讲义利之别，而性格又褊急，台州一案，是否是一陷阱，目前尚只是我的猜测，但若以事情先后论，朱熹似应把救灾之事放在前，弹劾唐仲友之事放在后才对。若弹劾唐仲友必会影响救灾，则何不把此事先压一压，推到之后再办呢？

《宋人轶事汇编》卷十八，收《行都纪事》中的一则，或可为有人于台州设下陷阱之旁证，其文云："朱晦庵为仓使，时某郡太守遭掊摭，忧惶百端。未几，朱易节他路，有召太守饮者，出宠姬歌大圣乐，其末句云：'休眉锁，问朱颜去了，还更来么？'太守为之起舞。"

这个"某郡太守"竟因为朱熹的去职而起舞，可见其得意忘形。这个太守是谁，为朱熹设下陷阱的是不是就是此人，如今都已不可考，但这件轶事至少可以证明，在当时希望朱熹去职的人，恐怕不在少数。

遁翁

朱熹褊急而刚直之性格，或得自其父朱松之遗传。朱松字乔年，因生来性急而自号“韦斋”，这是用的《韩非子・观行》的典故：“西门豹之性急，故佩韦以自缓。”“韦”是熟皮，引申出柔缓之意。朱松的性子，到底有没有因为自号“韦斋”而变得柔缓，如今已不得而知。而朱松刚直的一面，则可以从他因为反对秦桧与金议和而弃官请祠一事看得出来。

朱熹对自己性格上的弱点并非没有自省，他在给吕祖谦的信中曾批评自己的性格“足以自挠而伤物，尤为可恶……”。朱熹的至交张栻，是南宋名臣张浚的儿子，亦是南宋一大儒，他对朱熹性格上的弱点亦常作规箴，在他给朱熹的信中，有这样的言语：“其间有于气禀偏处，似未能尽变于旧。……愿以平常时以为细故者，作大病医疗。异时相见，当观变化气质之功。”这是希望朱熹能从日常小事做起，把自己褊急的缺点当成大病来治疗。

然而无论是朱熹的自省，还是朋友的规谏，都没有能够真正地改变朱熹褊急而刚直之性格，在张栻和吕祖谦在世时，虽然朱熹性格上的弱点依旧，但至少还有两位诤友时时提醒劝谏，使他有所收敛，张栻和吕祖谦去世后，就再也没有人能够提醒朱熹注意自己的缺点了。淳熙五年（1178）朱熹知南康军，政绩卓著，其中或有南康军情况简单，所牵扯之豪右显宦较少之缘故，但其间或亦不免有张栻与吕祖谦的劝诫之效。淳熙七年（1180）张栻去世，淳熙八年（1181）八月吕祖谦去世，当月朱熹改除提举两浙东路常平茶盐公事，单车就道。吕祖谦家乡在婺州金华，正与唐仲友同乡，虽然似乎唐仲友与吕祖谦并不曾有过什么交往，但以吕祖谦温厚包容之性格，或可以在朱唐两人间做一桥梁，使事情不至于不可收拾，然而吕祖谦的去世，使这一切都不可能实现了。

除了性格褊急刚直这个特点之外，朱熹还有另一个特点，便是律己律人都极严。

律己严这一点，无论是从学术上还是从生活中，都可以看出来。学术上，其著作往往经多次改订，或竟有一本书改了一辈子之事；生活上，于饮食礼仪，皆一丝不苟。

律人极严，于生活中亦往往可见。比如对他的长子朱塾，朱熹的管束就非常严格。因为害怕自己教育儿子束手束脚，朱塾二十一岁时，朱熹遣他到浙江金华去，受学于吕祖谦，临行前以书规约其言行，包括到金华后如何拜见吕祖谦等等，都有提及，更令其不得饮酒及戏笑喧哗。因为害怕朱塾堕于浮靡，竟不准他学作诗文，一直到朱塾去世后，朱熹门人许进之拿出朱塾生前与自己唱和之诗卷给朱熹看，朱熹才知道原来自己的长子也会作诗，“为之挥涕不能已，不忍复观也”。

朱熹对学生的要求，亦极严格。《朱子语类》记有一事：朱熹气疾发作，学生们想让他休息，连着几日都没有去问难。朱熹忍不住了，一天晚上，把学生们都叫到他的卧室来（估计他尚卧病在床）。学生们进来后，仍未有所请，朱熹大怒，道：“诸公恁地闲坐时，是怎生地？恁地便归去强，不消得恁地远来！”

朱熹自己于人生、于学术上皆勇猛精进，但他教出来的学生，却只能守成，而难有自成一派者，或亦与他对学生要求过严过细有关。

朱熹不仅是对自己的儿子和学生极严格，更要命的是，他对皇帝也极严格，甚至比对自己的儿子和学生要求更严。一有机会，朱熹就要对皇帝讲正心诚意，讲存天理灭人欲。特别是在知南康军任上上的封事，这一次的封事，其言语又比上一次的激烈，其调子仍是在人君的正心诚意上："天下之大务，莫大于恤民；恤民之本，又在人君正心术而立纪纲。……盖天下之纪纲不能以自立，必人主之心术公平正大，无偏党反侧之私，然后纪纲有所系而立。君心不能以自正，必亲贤臣，远小人，讲明义理之归，闭塞私邪之路，然后乃可得而正。今宰相、台省、师傅、宾友、谏诤之臣皆失其职，而陛下所与亲密谋议者，不过一二近习之臣。……"在这篇封事中，朱熹不仅严厉地批评了赵昚，还把权幸近臣都骂了个遍。宋不是明，孝宗也不能像嘉靖对待海瑞那样，把朱熹扔进监狱里关起，但他玩了一手权术，把原本只有皇帝才看得到的封事降付后省，公之于众了。于是朱熹算是把满朝文武都得罪了，朱熹甚至都收拾了行李，等着来自权力中心的雷霆之怒，在他给吕祖谦的信中，他说："前日妄发，本蕲密赞圣聪，昨日乃闻降付后省，不密失身，从是始矣。然业已致身事主，生死祸福，唯其所制，非己所得专也。此间只有三五担行李，及儿甥一两人，去住亦不费力，但屏息以俟雷霆之威耳。"大约是因为还需要朱熹救南康军的灾荒，雷霆之威倒没有马上下来，之后反倒还升了他的官，让他到浙东去救灾去了。但朱熹在孝宗一朝，始终未能立朝，以及后来在官场上的各种挫折，却是从这一次的封事种下祸根。

真正的雷霆之怒，直到庆元年间才到来。绍熙五年（1194），赵汝愚得到外戚韩侂胄的帮助，逼迫昏庸的光宗内禅，将赵扩送上了皇帝的宝座，而赵汝愚也顺理成章地执掌了朝政。赵汝愚原本就是道学信徒，他上台后，立即向赵扩推荐了当时的道学领袖朱熹。而赵扩早在还是嘉王时，因为其翊善（嘉王傅）黄裳的推荐，对朱熹极有好感，因此甫一即位，立即下旨，招朱熹到行在奏事。

这一次的奏事，与前次的都不相同，之前朝政并没有完全掌握在道学派的手里，因此朱熹到了行在之后，总是会生出许多的变故。而这一次，赵汝愚的权力非常稳固（至少表面上如此），而新皇帝赵扩对成为一个贤明的君主充满了信心和希望，对道学派和朱熹也极有好感，因此再也没有什么障碍能阻止他成为皇帝的老师，也就是经筵侍讲了。

朱熹由潭州（治今湖南长沙）启程前往临安，路经江西宜春时，其门人刘黻遮道请见，问朱熹道："先生此行，上虚心以待，敢问其道何先?"朱熹说自己要把赵扩当作勾践来培养，"恶衣服、菲饮食、卑宫室"。他也知道这件事情极难成功，但朱熹做事的风格，从来都是勇往直前，不计成败。

他八月从潭州启程，十月己丑到达行在，辛卯奏事于行宫便殿，面辞待制侍讲，不允，翌日乞改作说书差遣，初十御笔不允，乃拜命。

十月二十三日，朱熹在讲筵后留身面奏四事。《宋史》云"疏入，不报。然上亦未有怒熹意也"。真正将赵扩惹毛了，是在闰十月十九日，晚讲后，朱熹又留身申请前奏四事，乞赐施行。这就不免有逼迫皇帝的意思在里面，再加上此前韩侂胄曾使优人峨冠阔袖，扮成朱熹的样子戏于上前，乘间言朱熹迂阔不可用。年轻的皇帝终于再也无法维持此前一直在扮演的贤君形象，勃然而怒，回宫后即降御批，谓朱熹耆老，隆冬恐难立讲，已除宫观。虽然有赵汝愚固谏，又有楼钥、吴猎等人请留，皇帝“均不报”。后来工部侍郎问所以逐朱子之骤，皇帝说：“初除某经筵尔。今乃事事欲与闻。”意思是说，我本来只是让他来上上课，哪里想到他什么事都要管。

朱熹的政治生命，也就至此结束了。自绍兴十八年（1148）春登进士第，到庆元二年（1196）十二月落职罢祠，“五十年间，历事四朝。仕于外者仅九考，立于朝者四十日”（《行状》）。

朱熹回到建阳（今福建南平）考亭，建沧州精舍，专注于讲学，并为燕居室自题一联：“佩韦遵考训，晦木谨师传”。但韩党对道学派的迫害并未放松，先是赵汝愚被人诬为逆党，被迫罢政奉祠，之后吕祖俭又因为在奏章中为赵汝愚和朱熹辩诬而被流放岭外，朱熹悲愤莫名，草成数万言封事，准备投进，却被弟子诸生和亲戚朋友们劝阻。朱熹好友蔡元定以《易》卜得“遁”之“家人”，卦词为“遁尾厉，勿用而攸往”，意为“占者不可以有所往，但晦处静俟，可免灾耳”，朱熹无法，只能焚烧了奏稿，并自号“遁翁”。

庆元元年（1195）十一月赵汝愚谪永州（今湖南永州）安置，并于次年正月死在了流放途中。庆元二年（1196）十二月，监察御史沈继祖，得胡纮早已草好的劾章，加上自己添加的十大罪，凑成十六罪，弹劾了朱熹，朱熹于十二月十六日落职罢祠。而朱熹的好友蔡元定则被编管道州（亦在永州），数百人到净安寺去给蔡饯行，朱熹虽已老迈，但居然喝醉了，对蔡元定说：“友朋相爱之情，季通（蔡元定字季通）不挫之志，可谓两得之矣。”这也是朱熹与蔡元定的最后一面，次年蔡即死于道州。

庆元六年（1200）三月甲子，朱子逝于考亭。朱熹三子：长子塾，字受之，先其父而逝；次子野，字文之，以荫补迪功郎，嘉定二年卒（1209）；三子在，字敬之，官至工部侍郎，然叶绍翁于《四朝闻见录》讽其未能绍其父，亦是一憾事。

王守仁

初心

王阳明十二岁时，遇到了一件奇怪的事。那一天，王阳明和同学们在长安街上走着，他们遇到了一个相士，这个相士看到王阳明就惊讶地说："我来为你看相，你以后要记住我的话：你的胡须拂到衣领时，你进入圣境；你的胡须垂到丹台之上时，你的圣胎结成；你的胡须垂到丹田之下时，你的圣果就圆满了。"

这个相士的这一番话，促成了王阳明的初心。什么初心呢？就是要成为一个圣人。

他回私塾之后，就问塾师："什么才是人生中最重要的事？"塾师说："惟有读书登第最重要。"王阳明表示怀疑："登第恐怕还不是最重要的事，读书学做圣贤，或者更重要。"

王阳明的父亲王华听说了，取笑他："你想做圣贤呀？"

当时恐怕没有一个人会想到，这个十二岁的孩子，后来果真成了一个大圣人。

少年

少年王阳明这种超级自信的性格的养成，或许与他的家族有关系。

他的祖籍，是浙江的余姚。据说余姚王氏是王羲之的后代，虽然近年来也有人考证说，他们其实不是王羲之的后代，而是王羲之的伯父王导的后人，但总之，余姚王家是一个高门望族，是没有错的。

明朝初年，王阳明的高祖王纲，因为诚意伯刘伯温的推荐，以七十岁的高龄被朱元璋召去做了兵部郎中，之后又被派到广东，在增城为海寇所劫，被杀死了。

王纲的儿子王彦达背着父亲的尸体回到余姚，葬于禾山。王彦达因为父亲死于国事，非常悲痛，不仅自己终身不仕，也不希望自己的后代子孙出去当官，所以王家之后的几代都没有人出仕，但书香世家的传统却没有断绝。到王阳明的祖父王伦这一代，因为几代都无人出仕，王家已经穷得"环堵萧然"，除了几箱书之外，没有其他值钱的东西了，所以王阳明的父亲王华，就不得不出来参加科举。偏偏王华还是一个学霸，少年成名，之后虽然连举不利，但是在王阳明九岁那一年，王华考中了浙江省第二名的举人，随后又在次年的会试中高中状元，授翰林院编修。在明朝，翰林院就是一个内阁大学士的养成所，而翰林院编修一职基本上就是为未来的内阁首辅准备的，王华的前程可以说是无比远大，而他之后的仕途，在武宗没有上台之前，也都一直非常顺利。

王阳明就是出生在这样的一个家族里，而他出生时又伴随着许多的异象：先是他的母亲郑氏，怀胎十四个月才生下他，而在他出生那一天的晚上，他的祖母岑氏又梦到有神人穿着绯衣在云中鼓吹，送孙儿给她，梦醒时正是王阳明出生之时。于是王阳明的祖父王伦，就给王阳明起名为"雲"，而王阳明出生的那一幢楼，也被乡人们称为"瑞云楼"。

但是王阳明一直到五岁都不会说话，直到碰到一个僧人，那僧人说："好个孩儿，可惜道破。"这意思是说"雲"与"云"同音，王阳明的名字道破了天机，所以王阳明就不能"云"了。王阳明的祖父把王阳明的名字改成了"守仁"，之后王阳明就能说话了。他天性极聪颖，五岁时，还没读过书，就已经能背诵祖父所诵读的书籍，原来他听到祖父诵读，就在旁边默默地记了下来。

王阳明十岁时王华考中状元，当了翰林院编修，把家人都接到京师去生活。王伦带着王阳明到京城去，路过金山寺，与友人相聚，酒席间赋诗，大人们的诗还没写出来，王阳明倒先吟出了一首："金山一点大如拳，打破维扬水底天。醉倚妙高台上月，玉箫吹彻洞龙眠。"众人大惊，又出一题来考他，他随口应道："山近月远觉月小，便道此山大于月。若人有眼大于天，还见山小月更阔。"

因此王阳明基本上就是头顶着"天才少年"这四个金光闪闪的大字来到了大明朝的首都。这里人文荟萃，是全国的文化中心，而王阳明的父亲又是新科的状元，前程远大，王阳明日常所见之人，都是当时第一流的人物，因此王阳明养成了狂妄而自信的性格，也就是正常的了。

挫折

年少的王阳明虽然立下了要做一个圣人的宏图大志，但是究竟要如何才能成为一个圣人，以及要成为一个怎么样的圣人，在他的心里，还没有一个定论。

明朝是程朱理学极昌盛的时期，对于少年王阳明来说，第一个选择，肯定是按照朱熹所说的话去尝试着学习做一个理学的圣人。朱熹所创立的理学大厦，宏大渊深，但对学做圣人这件事，却有一个简单的总结，就是"格物致知"。朱熹解释"格物致知"说："欲致吾之知，在即物而穷其理也。"所以"格物"，就是"穷物之理"，即探究隐藏在事和物之中的天理，只有“物格而知至”，才能成为一个圣人。

十六岁的王阳明开始按照朱熹的理论——至少是他所认为的朱熹的理论——去实践如何才能成为一个圣人。他和他的一个朋友叫钱友同的，讨论如何才能成为一个圣人，他们决定从格竹子开始。钱友同格了三日竹子，劳神成疾，却无所得。王阳明认为钱友同精力不足，又自己去格，日夜对着竹子连着格了七日，结果也是一头雾水，最后累得生了病，只得放弃。

这七日的格竹所导致的疾病，或许还成了王阳明后来的咳血之疾的病根。费了这样大的力气，却没有一丝一毫的进益，反倒弄得两个人都病倒了，王阳明和钱友同相对悲叹，以为圣人不是人人都可以做的。

这是王阳明求圣路上所遇到的第一个挫折。

在此期间，王阳明还因为他的狂妄，而招来了老爸的一顿训斥。

王阳明自小就喜欢兵战之事。冯梦龙的《王阳明先生出身靖乱录》说，王阳明十二岁入私塾，不肯专心读书，常常逃学与群儿戏耍，以旗帜指挥他们左旋右旋，如同战阵。王华看见生气了，说：“我们家世代读书，哪里用得着你学这个？”王阳明问：“读书有什么用处？”王华说：“读书可以做大官。父亲我中了状元，就是读书之力。”王阳明又问：“父亲是状元，子孙还是状元吗？”王华说：“父亲中状元只是父亲中，子孙想中状元，还得勤读书。”王阳明说：“只有一代，中了状元也不稀罕。”王阳明之所以这样说，是因为唯有军功才能得到爵位，而爵位是可以世袭的。当然这只是小说家言，但王阳明十五岁时，出游居庸三关，却是《年谱》里记得清清楚楚的。当时正碰上各地起义不断，先是京畿附近有石英、王勇之乱，跟着陕西又有石和尚、刘千斤作乱，王阳明虽只有十五六岁，却屡次想要上书朝廷，献计献策。王华终于受不了他的胆大妄为，把他训斥了一顿，王阳明这才止息了上书朝廷的念想。

因为发现用朱熹的方法成不了圣人，王阳明转而探索道家成圣的方法。十七岁时，他到江西去迎娶夫人诸氏，合卺之日，新郎官却不见了。原来王阳明偷闲出门去逛，遇到一个道观叫铁柱宫，里面有一个道士在趺坐，王阳明就上前去求教养生之道，与道士对坐终日，竟连结婚的事都忘了。

此后王阳明就住在江西，这时有两件事，对他之后的人生造成了不能磨灭的影响：一是王阳明苦练书法，体会到了“随时随事只在心上学”的道理。这道理说起来挺简单的，意思就是只要能一心一意地专心于学习，那么随时随地都可以学习，因为学习只需用心即可，并不是非要正襟危坐端起书来，才叫学习。二是他带夫人回余姚时，顺道去拜访了娄谅。娄谅字克贞，号一斋，家住江西上饶，是大儒吴与弼的学生。他告诉王阳明圣人的境界是一定可以通过学习而达至的，并且为王阳明讲明了格物致知的道理。娄谅的话改变了王阳明之前“无他大力量去做圣人”的想法，坚定了他求圣的信心，也重新照亮了他通过格物致知学做圣贤的道路。

回到余姚之后，王阳明开始了广泛的阅读，常常读书到夜分，且诸经子史无所不读。这刻苦的学习不仅使王阳明学问大进，也改变了王阳明的气质。之前他性情狂妄，待人接物也很随便，而且喜欢开玩笑，这一段的苦读使他省悟到自己的不足，他说：“吾昔放逸，今知过矣！”

然而新的挫折接踵而至。王阳明二十一岁时，参加了浙江的乡试，一考就中了举人，然而第二年的会试他却名落孙山。在外人看来，状元之子、才名素著、一向狂傲的王守仁，居然会试不第，不免是一个打击。连当时的文坛领袖，也是那一年会试的主考官李东阳也安慰他："汝今岁不第，来科必为状元。"然而三年之后，即弘治九年，王阳明再一次参加会试，还是没有考取。但这时的王阳明已经成熟了许多，他说"世以不得第为耻，吾以不得第动心为耻"，然而他虽然不以落第为耻，但是否果真能做到不因落第而动心呢？恐怕也还未必，否则他连这句话也不会说了。

尘心

之后的几年，他将精力转向了诗词歌赋，似乎既忘了科举，亦不再关心如何才能成为圣贤。他回到余姚，结诗社于龙泉山寺，并且与当时在诗坛呼风唤雨的新一代诗人如李梦阳、何景明、边贡、徐祯卿等人一起作诗，争才斗艺。但很快他厌倦了这种生活，而且李梦阳等人复古的主张也不符合王阳明的天性，因此他就渐渐地淡出了诗坛。王阳明继续研究兵法，"每遇宾客，尝聚果核列阵势为戏"。弘治十一年（1498），王阳明二十七岁，年近而立，求圣之路依旧迷茫，他不免彷徨。这一年他读到朱熹上宋光宗的奏疏中有"居静持志，为读书之本；循序致精，为读书之法"，领悟到自己之前读书虽广博，但却没有做到循序致精，于是又静下心来重新读书。但于朱熹的格物致知之说，终究还是觉得扞格难行，他觉得朱熹的学说，"物理吾心终判为二"，并没有达到内外浑然一体。他郁郁不乐。这时旧疾复作，于是年轻的王阳明产生了遗世入山，学道士养生的想法。

但弘治十二年（1499）是大比之年，王阳明不得不放下入山的想法，第三次参加会试。这一次的会试，他考了个第二名，但是廷试时却没有进入一甲，排在了二甲第七名，只能观政工部，就是先在工部做个实习生。这个成绩，放在别人身上，自然是很了不得了，但是放在父亲是状元的王阳明身上，却也只能说是平常。但无论如何，终究还是考中了进士，也算是了了一桩大事。

弘治十三年（1500），王阳明为刑部云南清吏司主事，他公事繁剧，但晚上回来仍不休息。黄绾《行状》说他“夜归，必燃灯读《五经》及先秦两汉书”。王华怕他过于劳累，不准家人在书房里放灯具，但王阳明等到父亲睡着了，又自己去拿了灯具点起看书直到夜分，结果得了咳血之疾。

这个病倒正好给了王阳明乞休的借口。弘治十五年（1502）八月，他上疏朝廷，请求回家乡去养病，得到允准。他从北京回浙江去，顺道去了一趟九华山，还写了《九华山赋》，表达了自己学道的决心。回到绍兴后，他筑阳明书院，在那里行导引之术。《年谱》中说他修行了一段时间之后，竟能未卜先知了。有一天，他的朋友王思舆等四人，结伴来拜访他，这四个人刚出五云门（绍兴城门），王阳明就知道了，派了仆人去迎接他们，并且还把他们一路行来之所见都一一说出。仆人与王思舆等人相见，把王阳明所说与王思舆等人所见相对照，竟然全都被王阳明说中。众人大是惊讶，以为王阳明已经得道。但是王阳明自己反倒对这种能未卜先知的所谓“得道”产生了怀疑，他领悟到这不是得道，而是“簸弄精神”，但他仍留恋远离尘世的生活，并未下山去。然而若真让他弃世而去，他又不放心祖母岑氏和老父王华（他的母亲郑氏在他刚十三岁时就已弃世，祖父王伦则在他十八岁时去世）。到最后，他终于醒悟，他说："此念生于孩提，此念可去，是断灭种姓矣。"弘治十六年（1503），他从阳明书院中搬出来，移居于西湖，那时他已经有了出来继续做官的打算。

在西湖期间，他又遇到了一件事，这件事坚定了他"此念可去，是断灭种姓"的想法。

王阳明住在西湖边，闲来没事，常往来于南屏、虎跑诸刹。他在寺庙里碰到一个坐关的和尚。这和尚已坐关三年，不语不视。王阳明这时显出他年少时爱开玩笑的天性，对着和尚喝道："这和尚终日口巴巴说甚么！终日眼睁睁看甚么！"和尚吓了一跳，便睁开眼睛与王阳明说话。王阳明问他家里有谁，和尚说还有老母在。王阳明问他眷念母亲否，和尚说不能不想。王阳明说眷念亲人，是人之本性，和尚哭着拜谢。第二天王阳明再去找和尚，和尚已经走了。

这件事，使王阳明确确实实地认识到，爱念亲人，是人人皆有的天性。这个认识成为他后来建立良知学说的一个缘起，也是他的学说的逻辑起点，他从这一点出发，更亲切地认识了孔子和孟子的学说，并将孔孟的学说发扬光大。到他的晚年，终于得出了心体无善无恶的结论，当然，这是几十年之后的事了。

归正

弘治十七年（1504）的秋天，王阳明病愈起复，先是应山东监察御史陆偁的邀请出任山东乡试主考官，随后又到京师去，任兵部武选清吏司主事。

弘治十八年（1505），王阳明三十四岁，他开始开门授徒，倡导“身心之学”，就是教人先立必为圣人之志，这也是王阳明三十几年来反复寻索所得出的切身体会。这一年还发生了一件在王阳明的人生中极重要的事件，就是认识了湛若水。

王阳明在京师讲“身心之学”，教人学做圣人，颇被人以立异好名视之，因为时人皆以读书登第为第一要务，学做圣人这种事，既好高骛远，又虚无缥缈，所以并没有什么人称得上是与他志同道合的。但非常巧的是，湛若水正好在这一年考中了进士，来到了京城。

湛若水是广东增城人（冥冥中似有天意，王阳明的高祖王纲也是在增城死去的，当时增城还有王纲的祠堂），字元明，号甘泉。早在弘治五年（1492），湛若水就考中了举人，但之后却迟迟没有考中进士。从弘治五年到弘治十八年，湛若水在当时的大儒陈献章门下学习。陈献章号白沙，生于1428年，是明朝学术由理学转向心学的关键人物。陈献章之前，明朝的文人要么沉溺于利欲之中，要么归隐山林，彷徨苦闷，找不到人生的支点，而陈献章的出现，给当时的文人打开了一片新天地。湛若水作为陈白沙的得意弟子，自然也把陈白沙的学说介绍给了王阳明，虽然王阳明并不完全认同陈白沙的学说，但这学说仍然大大地坚定了王阳明求圣的信心和决心。

正德七年（1512），湛甘泉要出使安南（今之越南），王阳明与湛甘泉在京师相伴数年，此时分别，颇有些不舍。

王阳明虽然在离开西湖时即已“归正于圣学”，但因为同志稀少，他的求圣路途仍然坎坷艰难，“岌岌乎仆而后兴”，直到与湛若水相遇，他才找到了一条与程朱理学不同的求圣之途。这路途他虽然并不完全认同，但却启发了他的思路，他的志向也因此而更为坚定，由此“毅然若不可遏”而直达圣境。

泛海

然而人生中最大的一个挫折在等待着王阳明。

弘治十八年（1505）五月，孝宗朱祐樘死了，他的不学无术的儿子朱厚照继位，改年号为正德。朱厚照当上皇帝之后，宠信太监刘瑾，刘瑾性格阴狠而又好财，把朝政搞得一团糟。先是内阁大学士刘健和谢迁因参不动刘瑾而致仕回家，之后十几个科道官更是因上疏为致仕的大学士刘健和谢迁求情而被下诏狱打板子，其中还有人被杖死。这时候王阳明也看不下去了，上疏为科道官戴铣求情。这道奏疏的措辞是非常婉转的，但仍然触怒了刘瑾。王阳明被逮去下了诏狱，廷杖四十（也有说是五十的），之后又被贬去贵州当龙场驿的驿丞。

所谓廷杖，就是当众打大臣板子，《明朝特务政治》转引魏禧《叔子文集·姜贞毅先生传》，讲述廷杖的大概情形：“众官朱衣陪列午门外西墀下，左中使，右锦衣卫，各三十员。下列旗校百员，皆衣臂衣，执木棍。宣读毕，一人持麻布兜，自肩脊以下束之，左右不得动，一人缚其两足，四面牵曳，惟露股受杖，头面触地，地尘满口中。”

廷杖并不仅仅只是对官员的肉体造成伤害，更重要的是，这种当众的行刑是对大臣的人格的污辱。原本明朝的廷杖，受杖的大臣还可以不去衣，刘瑾开了先例，要大臣脱去裤子受杖，之后就一直沿袭下来。

王阳明受廷杖四十，“毙而复苏”，兵部武选清吏司主事的官职也没了，被贬去贵州当驿丞，实际上就是流放。

这一次的遭遇，对王阳明是一个巨大的打击，然而这打击并不是来自刘瑾，也不是来自廷杖。肉体上的伤终究可以痊愈，而由外部而来的对人格的污辱，也并不能真正触及王阳明的心灵。对于王阳明来说，无论来自刘瑾的伤害有多么巨大，都不可能真正打击到他，真正能打击到他的，唯有皇帝。

他在狱中写诗，以妾妇自比，皇帝则是这位被囚于幽室的妾妇的良人，“良人事游侠，经岁去不返”，暗示正德不理国事，常常微行。王阳明虽然还在狱中，但是想到国事萧条，不免泪下如霰。

在这样的困境里，王阳明归隐的心思又兴起了，他说“匡时在贤达，归哉盍耕垅”（《不寐》），说“溪鹤洞猿尔无恙，春江归棹无相将”（《岁暮》），说“留得升平双眼在，且应蓑笠卧沧州”（《天涯》）。然而在即将出狱，与狱中好友相别的时候，王阳明终于还是记起了他的初心，他说“行藏未可期，明当与君别。愿言无诡随，努力从前哲”（《别友狱中》）。未来如何不可预期，明天就要与您相别，从心里期望您不要步入歧途，让我们一起沿着先哲的道路努力前行。

王阳明就是处于这样的矛盾的心境之中，而造成这矛盾的罪魁，其实便是他所一直无法割舍的皇帝。

明朝的文人写妾妇词是有传统的，比如永乐年间官至右春坊大学士的黄淮，因为介入了太子朱高炽和汉王朱高煦的权力斗争，被明成祖朱棣丢进监狱里关了足足十年，直到朱棣驾崩朱高炽即帝位才被放出来，然而他在狱中对朱棣却毫无怨言，反倒还写妾妇自比。

又比如与王阳明同时代的大诗人李梦阳，也曾有《去妇词》向朱厚照表忠心。但是朱厚照根本就不在乎李梦阳的乞怜，要不是康海借助自己与刘瑾的关系将李梦阳从狱中救出，李梦阳说不定也要像解缙一样，落个被灌醉埋入雪中的下场。

时代已经改变，朱棣虽然刚狠，尚不失为一个合格的君主，而武宗朱厚照却是一个肆意妄为的黄口小儿，他连国家的生死存亡都不放在心上，又哪里还会在乎这几个被关在狱中的臣子的生死？

而这也就是王阳明所遇到的最大的困境，也是当时的文人士子们所遇到的最大的困境：儒家教人修身、教人忠君，然而现在却已经没有一个值得让他们去“忠”的君了。

人生的支柱就这样被抽走了，他们又将如何安身立命呢？

王阳明就是带着这样的矛盾和困惑，走上了通往贵州的艰辛旅程。

而刘瑾却并不想就此放过他，王阳明走到杭州，发现自己被跟踪了。他意识到是刘瑾派人在跟踪自己，要在路上谋害自己的性命，于是假装投钱塘江自杀，实则却是上了商船往舟山去，却于海上遇到飓风，被吹到了福建。王阳明在福建上岸，登武夷山，山行数十里，夜叩僧寺求宿，和尚却不放他进去。他找到一个野庙，在野庙的香案上睡了一夜。夜中，有虎绕廊而吼，终究畏阳明而不敢入。天明和尚来找阳明，以为阳明必已命丧虎口，故来收阳明行囊，哪里想到一入野庙，却见到王阳明还在香案上熟睡。和尚惊呼“公非常人”，引阳明入僧寺。僧寺中有异人，竟是二十年前王阳明在江西铁柱宫中所遇之道士，当年相约二十年后相见海上，如今果然见面了。王阳明此时内心彷徨，想就此逃遁隐居，道士提醒他说：“汝有亲在，万一瑾怒逮尔父，诬以北走胡、南走粤，何以应之?”王阳明仍是犹豫，又以蓍卜，得“明夷”之卦。《易》云：“明夷，利艰贞。”这一卦的意思大概是说：日入于地，天色昏冥，如同昏君在上，当此之时，坚贞之士虽处境艰难，但更要坚持其操守。于是王阳明下了决心，返回钱塘，继续往龙场去。

这一段的遭遇，实在太过离奇，因此也有人并不以其为真实，王阳明的学生季本就以为这一段的奇遇其实是王阳明卧病于杭州胜果寺时于梦中所见，而黄绾为王阳明所作的《行状》中，也并未收入王阳明泛海一节。但王阳明自己却作有《泛海》诗，其诗云：“险夷原不滞胸中，何异浮云过太空！夜静海涛三万里，月明飞锡下天风。”

无论如何，王阳明此时已经下定了决心，去面对他的被流放的命运，虽然前路迷茫，但王阳明初心未改，他依旧是一个胸中能容三万里海涛的英豪，而身外的一切，无论是险境还是坦途，对他而言，都无关紧要。

龙场

正德三年（1508）的春天，王阳明到达了贵州的龙场。龙场的地理位置，在贵阳西北约四十公里处，平均海拔达到一千三百多米。龙场的春天想必是极美的，杜鹃开满了山谷，有密林，有溪流，其地距贵阳又不甚远，开车一小时就能到，在今日看来，算是周末度假的好去处。但明朝时，贵州还甚是荒僻，当时的龙场还归贵州宣慰司管，境内全是苗民，跟王阳明完全无法沟通。王阳明《年谱》描述龙场情形云："龙场在贵州西北万山丛棘中，蛇虺魍魉，蛊毒瘴疠，与居夷人鴃舌难语，可通语者，皆中土亡命。"

王阳明到了龙场之后，没有地方住，只能先住在高才及肩的草庵中，以棘为篱，以土为阶。草庵既透风又漏雨，但王阳明并不在意，反倒醉心于龙场的美景，"林濑响朝湍，深林凝暮色"（《初至龙场无所止结草庵居之》）。苗民们聚拢过来探询、问好，言语杂乱难晓，但其意之质朴热诚，却是无可疑的。他们以农家的酒食招待王阳明，王阳明醉不知夕。苗民们的热诚让王阳明很感动，他说"缅怀黄唐化，略称茅茨迹"，这龙场的情形，让王阳明觉得仿佛是回到黄帝和唐尧的时代，人民质朴勤劳，人与人之间脱略了形迹，唯以心相通。

但草庵终究无法久住，不久之后，王阳明找到了一个山洞，便与随从一起搬了进去，并给这个山洞取名为"阳明小洞天"。

王阳明虽然以苦为乐，对环境之艰苦不以为意，但却仍对皇帝无法释怀。在流放途中，一直到他搬入阳明小洞天之后，他都还在陆续不断地写着妾妇词，最后合为《去妇叹》五首。这些诗并没有摆脱一直以来的妾妇词的传统，哀而不伤，怨而不怒，表达的总是妾妇的自责和对良人的祝福与思念，皇帝总是没有错的，而妾身也总是思念着良人的。

但生活的重负压下来，使王阳明再也没有心情去写什么弃妇的悲情了。先是随从们不适应龙场的艰苦，生了病，王阳明忙于照顾，甚至还以乡音唱曲逗随从们高兴。不久之后，苗民们为王阳明搭起了简陋的房屋，使他们终于有了像样的居所，但粮食仍是问题。王阳明向苗民们学习刀耕火种的方法，自己开荒种田，“夷俗多火耕，仿习亦颇便。及兹春未深，数亩犹足佃”（《谪居绝粮请学于农将田南山永言寄怀》），他趁着春尚未深，赶紧将庄稼种下。他并不以种田为苦，时时记得孟子“勿忘勿助”的教诲，在农活中磨炼自己的心性，寻求真理。

在农事的忙碌中，他仍时时想起远在越中的亲人，“游子望乡国，泪下心如摧”（《采蕨》），同时他也并没有忘记自己求做圣贤的初心，“溪水清见底，照我白发生。年华若流水，一去无回停。悠悠百年内，吾道终何成”（《溪水》）。

他想象圣人若处在他这样的处境，又会如何做。对王阳明而言，得失荣辱，皆已超脱，不能令其动心，唯有生死一念，不能完全化尽。他做了一个石墩，自己坐在上面，发誓说：“吾惟俟命而已。”他是发誓要在这石头上坐到死，不悟道决不下来。于是他日夜端坐于石上，终于在有一天的夜中，他领悟到吾性自足的道理。

“吾性自足”，并不是一个多么高深的道理，孔子和孟子早有阐述，到南宋时，陆象山又说“人孰无心，道不外索，患在戕贼之耳，放失之耳”，既然“道不外索”，自然也就是“吾性自足”了。王阳明在龙场悟道之前，肯定早就已经了解了孟子和陆象山的学说，但是明朝是理学统治一切的时代，朱熹讲天理，讲物格而知至，讲皇极建中，所以文人士子若要做圣人，必须先格物，由格物来求得天理，而天理在人间的代表，则是皇帝，这样的观念在王阳明的心中蒂固根深。虽然他早就已经感觉到朱熹的理论将物与心区分为二，扞格难行，但是若没有流放龙场这样的机缘，使他进入“惟俟命而已”的专注之中，恐怕他要领悟“吾性自足”的道理，还要推迟很多年。

中国的政治制度，自秦汉以来，就是皇权专制下的郡县制度，虽然也有封建，但只是对郡县制的补充，虽然皇权的专制也有松有紧，皇帝的权力有大有小，但总的趋势，是向皇权越来越集中、皇帝越来越独裁的方向上走的。

朱元璋是一个大改变，他取消了宰相在国家政治结构中的存在，由皇帝直接控制六部，使明朝的权力结构彻底变成了皇帝独裁。在理论和观念上，朱元璋也在宣扬皇帝的绝对权威。最明显的表现就是朱元璋对《孟子》的删改，《孟子》中对帝王不敬的言辞，都被朱元璋删去了，比如“民为贵，社稷次之，君为轻”，比如“君之视臣如手足，则臣视君如腹心。君之视臣如犬马，则臣视君如国人。君之视臣如草芥，则臣视君如寇仇”。朱元璋甚至还想罢孟子的配享，就是把孟子从孔庙中撤出，只是因为文人士子们的反对才没有实现。

朱熹的君主观念，相对于前代而言，已经是一个进步，但在朱熹的道德体系中，忠君仍是三纲之首，文人的人生价值的实现，都在“得君行道”这四个字上，而“得君”是“行道”的前提，若是不能得到君主的支持和赏识，则人生就将失去方向。朱熹晚年转向道家，研究修身之术，正是因为其对“得君”已经不再抱希望，于是只能转向道家以求解脱。

王阳明自然还没有如此大的远见和勇气，彻底否定君权，当时仍身在龙场的他，甚至可能都还没有意识到“吾性自足”这一原理必将推导出每一个人都可以是万事万物的价值标准，每一个人都可以对万事万物做出价值判断这个结论，但是，有一个简单的事实可以帮助我们确定，王阳明已经把自己的人生重心从皇帝身上移开了：从此以后，他再也没有写过哪怕一句的妾妇词。相反，后来的很多史料，都在证明一个结论，即在王阳明的内心深处，皇帝已经不是九五之尊，而是一个可以被批评甚至忽略的凡人。

谁与青天扫宿尘?

对皇帝的态度的转变，毕竟过于骇人听闻，所以实际上，在王阳明后来的人生中，几乎没有表露出来。只有一次，在宁王朱宸濠叛乱的时候，王阳明或许是因为事情紧急而没有注意到措辞，或许是因为对正德的荒唐实在已经忍无可忍，他竟以犀利的言辞，直接向皇帝开火了。

这奏疏题为《奏闻宸濠伪造檄榜疏》，事情的前因后果，大略是这样的：

王阳明在龙场三年流放期满，出来在庐陵（今江西吉安）做了七八个月的知县，然后回京，升南京刑部清吏司主事，之后调吏部验封清吏司主事。到正德十一年（1516）他四十五岁的时候，兵部尚书王琼（字晋溪）举荐他去江西平寇，升他为都察院左佥都御史，同时巡抚南赣汀漳。到正德十三年（1518）四月，王阳明顺利讨平了江西盗匪，但王琼却没有答应他致仕的请求，反倒以平寇之功，升阳明为都察院右副都御史，且荫一子为锦衣卫，并世袭百户，把他留在了江西。

当时宁王朱宸濠反象已露，王琼留王阳明在江西，就是为了防备宁王的叛乱。到正德十五年（1520）的六月，为了让王阳明继续保有兵权，而且很有可能，王琼已经预估到朱宸濠有可能在其六月十三日生日时起兵（因当时朝廷下旨裁撤宸濠护卫），于是以福建三卫兵变为借口，让王阳明到福建去勘处。王阳明六月初九日从赣州启程，六月十五日到丰城黄土脑，这时他得到了宁王起兵的消息，急忙掉转船头回吉安去，路上为宸濠所派军队追上，王阳明与幕僚躲入小渔舟中方才脱险。当时的情况极为危急，据幕士龙光所说，当时追兵已近，王阳明想去别舟躲藏，但又担心诸夫人与公子正宪的安全。夫人提剑对阳明说："公速去，毋为妾母子忧！脱有急，吾恃此以自卫尔。"而黄绾所作《行状》则云，王阳明与幕僚躲入渔舟中，麾下一人服阳明冠服留在舟中，追兵想杀这个冒充者，有人说："何益？"这冒充者才保住了一条性命。

王阳明到了吉安后，与稍后乘官船到来的诸夫人和公子正宪相会。王阳明发兵讨贼之前，把家人都留在了吉安公署中，又命人搬来薪柴将公署围住，叮嘱守卫说："倘前报不利，即举火爇公署。"

捉获宸濠的赍檄榜官（即带着朱宸濠的檄文的官员）是在七月初一日，因此而得到了宸濠的檄文。奏疏是在七月初五日草成，大部分的内容是向皇上奏报朱宸濠的反情，以及审问赍檄榜官赵承芳和季敩所了解到的情况。在奏疏的最后，王阳明终于抑制不住自己的情绪，直接指责起皇帝来：

> 臣闻多难兴邦，殷忧启圣。陛下在位一十四年，屡经变难，民心骚动。尚尔巡游不已，致宗室谋动干戈，冀窃

> 大宝。且今天下之觊觎，岂特一宁王；天下之奸雄，岂特在宗室。言念及此，懔骨寒心。昔汉武帝有轮台之悔，而天下向治；唐德宗下奉天之诏，而士民感泣。伏望皇上痛自刻责，易辙改弦，罢黜奸谀以回天下豪杰之心，绝迹巡游以杜天下奸雄之望，定立国本，励精求治，则太平尚有可图，群臣不胜幸甚。

这段大意是说：陛下你在位这十四年来，本来就已经多有变难，导致民心不稳了，而陛下还在到处巡游取乐，结果现在宁王叛乱，想夺取帝位了。而且现在觊觎帝位的又哪里只是一个宁王而已，那些唯恐天下不乱的奸雄，也不仅仅只出在宗室之中。我一想到这些，就觉得骨头都冷了心都寒了。希望陛下能像汉武帝和唐德宗那样改过迁善，斥黜奸谀，不再巡游，这样天下太平才有希望。

这封奏疏在王阳明的所有奏疏中也是绝无仅有的。对皇帝的劝谏，总是必须委婉的，既要达到劝谏的目的，同时又不可触怒皇帝，更不可有任何的僭越。比如时间稍晚，宸濠之叛刚被平定，王阳明仍在江西巡抚任上时所奏之《水灾自劾疏》和《自劾不职以明圣治事疏》，都是以自劾为借口来劝谏皇帝。所以后来到万历年间，施邦曜编《阳明先生集要》，《自劾不职以明圣治事疏》和《水灾自劾疏》都收入了，而《奏闻宸濠伪造檄榜疏》却被忽略。在《自劾不职以明圣治事疏》后，施邦曜批注云“言言匡救，段段引咎，深得谏体”，在《水灾自劾疏》中，施邦曜又批云“自劾而兼以匡救，忠爱之至”，可见《奏闻宸濠伪造檄榜疏》之被忽略，正是因为施邦曜以为这奏疏是不合谏体的。然而也正是这封不合谏体的奏疏，透露了王阳明对皇帝的真实看法，虽然这真实的看法可能连王阳明自己也不愿承认和面对。

还有一件事，也可以间接地证明，皇帝在王阳明的心中，已经极其不重要了。

这件事发生在嘉靖上台之后。武宗朱厚照于正德十六年（1521）驾崩，死时年仅三十一岁，且没有留下子嗣，首辅杨廷和在太后的支持下，迎立兴献王祐杬之子朱厚熜即位，是为明世宗，年号嘉靖。

嘉靖元年（1522）二月，王阳明的父亲王华去世，王阳明在浙江守制。本来依丧制，只需守将近三年即可，但因为朝廷内有人阻挠，结果王阳明在越中一待就是六年，一直没有出仕。

在这六年中，朝廷为了朱厚熜究竟应该以孝宗为皇考，还是以兴献王为皇考的事情争论不休，这场大争论，后来被称为大礼议。事情的原委大约是这样：

朱厚熜即了帝位之后，依杨廷和和大部分朝臣的意思，就应该以孝宗，即武宗朱厚照的父亲、朱厚熜的伯父为父亲，意思就是既然你当了皇帝，就算是接了你伯父的香火，所以就要把伯父改称父亲。但朱厚熜不愿意，他认为自己当上皇帝是因为朱厚照乱来，三十一岁了还没有子嗣，我是名正言顺地按照排位当了这个皇帝的，根本没有必要称伯父为父亲，反倒把自己的父亲称为叔父。但杨廷和以宋代已有前例为由坚持。嘉靖刚即帝位，力量不足，只能暂时屈从，但几年之后，他又抓住机会重提此事，群臣哭阙力争，结果被下狱者达一百多人，其中被杖毙的就有十余人。但也有一些朝臣支持朱厚熜，其中有不少与王阳明相熟，有些甚至是他的门生，因此不断有人去信给王阳明，希望他能就此事表达看法，但王阳明始终未答。在王阳明看来，被杨廷和等人视为争国本的所谓大礼之议，不过是一件无谓的小事，根本不值得关注，更不必费心去回答，孝宗是朱厚熜的皇考，还是兴献王是朱厚熜的皇考，根本无关紧要，还不如做一条潜鱼、一只栖鸟，明道、修身，等待着为青天扫除宿尘的时机。

点也虽狂得我情!

在越中的六年，王阳明一直专注于讲学，他的学说因此而得到了广泛的传播。据王阳明的学生钱德洪所记，王阳明刚归越时，学生还不多，但是到了嘉靖二年（1523），来听王阳明讲学的人，就常常达数百人，“诸生每听讲，出门未尝不踊跃称快，以昧入者以明出，以疑入者以悟出，以忧愤愊忆入者以融释脱落出。呜呼休哉，不图讲学之至于斯也!”

嘉靖三年（1524）的八月，王阳明宴门人于天泉桥，那天是中秋，月明如昼，参加宴席的门生有百余人，《年谱》云：“酒半酣，歌声渐动。久之，或投壶聚算，或击鼓，或泛舟。先生见诸生兴剧，退而作诗，有‘铿然舍瑟春风里，点也虽狂得我情’之句。”

“铿然舍瑟春风里，点也虽狂得我情”，用的是《论语》中的典故。《论语》中说，子路、冉有、公西华和曾点四人侍坐，孔子问四人的志向，子路“率尔而对曰：‘千乘之国，摄乎大国之间，加之以师旅，因之以饥馑，由也为之，比及三年，可使有勇，且知方也。’”；夫子又问冉有，冉有说：“方六七十，如五六十，求也为之，比及三年，可使足民。如其礼乐，以俟君子。”夫子再问公西华，公西华说：“非曰能之，愿学焉。宗庙之事，如会同，端章甫，愿为小相焉。”在前面三个人与夫子对答时，曾点一直在鼓瑟，这时夫子问他了，曾点“鼓瑟希，铿尔，舍瑟而作。对曰：‘异乎三子者之撰。’子曰：‘何伤乎？亦各言其志也。’曰：‘莫春者，春服既成，冠者五六人，童子六七人，浴乎沂，风乎舞雩，咏而归。’夫子喟然叹曰：‘吾与点也！’”。

我们可以看到，子路、冉有和公西华的志向和修养，虽有高低之分，但无一例外都是向外的，是有为的，是有所依赖的，唯有曾点的志向是向内的，是无为的，是自足的。曾点的涵养也与前三者不同，子路急而无礼，抢在所有人之前回答，所以“夫子哂之”，而冉有和公西华都表现得很谦逊和节制，唯有曾点表现出狂的状态，在夫子与其他人对答时，他旁若无人地鼓瑟，当夫子问他时，他也并不是马上就停下乐音回答，而是“鼓瑟希，铿尔”，然后才舍瑟而作答，而其志向又是“异乎三子者之撰”的。然而偏偏是曾点这种似乎很疏狂的回答，得到了夫子的赞赏。为什么呢？这也是儒家一桩有名的公案。朱熹则说：“而其言志，则又不过即其所居之位，乐其日用之常，初无舍己为人之意，而其胸次悠然，直与天地万物，上下同流，各得其所之妙，隐然自见于言外。视三子之规规于事为之末者，其气象不侔矣。故夫子叹而深许之。”朱熹虽是理学家，但对于曾点的解释却道出了心学的关键，即“即其所居之位，乐其日用之常，初无舍己为人之意”，而又“胸次悠然”。在王阳明看来，曾点之狂，就狂在他已见到了“道”，体会到了“道”之境界。前三者的志向都是“规规于事为之末”，唯有曾点的志向是“依于道”的。用王阳明的话说，就是已“致其良知”，找到了内心中的光明，并依着这光明去行事，去生活，自然就可以“胸次悠然，直与天地万物，上下同流”了，而社稷、皇帝、政治等等，都是外在的，与良知、与心并无关系。良知和心完全可以脱离这些外在而独立存在，而人作为一个完满的个体，其存在的意义和价值也就只系于其自身，而与外界无关。

此心光明，亦复何言！

在越中的六年，王阳明既经历了父亲、妻子去世的大悲，也经历了幼子正億（长子正宪为养子，正億本名正聪，后黄绾因“聪”与朱厚熜的“熜”字音相近而改为“億”）出生的大喜。嘉靖六年（1527），王阳明五十六岁，这一年的六月，他收到朝廷的任命，兼都察院左都御史，征思州（今贵州务川）和田州（今广西田东），他上疏请辞，不允，九月，他从越中出发，前往广西。

这时王阳明的身体已经很不好了，请辞的奏疏中，有“顾臣患痰疾增剧”之语，而广西又炎热荒僻，瘴疠蛊毒横行，更何况军旅艰辛；无论是王阳明还是王阳明的门生们，似乎都有不好的预感，他的两个最得意的弟子——钱德洪和王畿，一直送到了富阳（在今之杭州）才分别。

朝廷任命王阳明为都察院左都御史，本为思州和田州的少数民族首领卢苏、王受叛乱事。王阳明在从越中往广西的路上，即已了解了情况，一到南宁，就招抚了卢苏和王受，平定了叛乱。随后不断有当地民众来求告王阳明，请王阳明带兵剿除断滕峡和八寨的瑶僮土匪，正好之前平定卢苏、王受之乱时，从湖广调来的狼兵要北归，王阳明定下战略，因势利导，用很小的代价，剿除了断滕峡和八寨之匪。这时候他的身体已经非常不好了，行军时往往无法骑马，而只能坐在肩舆上让人抬着走。

嘉靖七年（1528）的十月，广西局势已经稳定，王阳明上疏哀告求归，然而并没有换来朝廷的同情，他在南宁苦等，却一直没有得到朝廷批复。他终于不愿再等待下去，决定先行北归，然后在广东和江西边界等候，因为进入江西，就出了他的辖区了。

然而他一直到死都没有等来朝廷的批复。嘉靖七年的十一月二十一日，王阳明决定不再等下去，他越过大庾岭，进入江西境内。二十五日，王阳明的门人、南安推官周积来到王阳明的官船上来拜见他，王阳明告诉周积，自己“病势危亟，所未死者，元气耳”。二十九日，船到青龙铺（在今江西大余县），王阳明召周积来见，周积在王阳明床边守了许久，王阳明开目对周积说：“我要去了。”周积哭着问遗言，王阳明笑笑，说：“此心光明，亦复何言。”

这一年王阳明五十七岁。

嘉靖八年（1529）的正月，王阳明的棺椁由南昌发丧，二月四日回到绍兴，下葬是在这一年的十一月，会葬者千余人，葬于绍兴城外三十里处的洪溪岸边。

如前所述，王阳明的心学理论的逻辑起点，是人人皆有爱念亲人之心，具体说来，就是为子女的，天生知道孝亲，为父母的，天生知道慈爱。从这一点出发，王阳明认为，每个人的心都是灵明的、知善知恶的，也就是说，孝亲和慈爱的观念，并不是有了父母有了子女之后才产生的，更不是由外界强加或者影响而成的，这观念是根植于人心之中的，子女若从未知世上还有父母一事，自然不知所谓孝亲，但一旦知道了世上还有父母，那孝亲的观念就会如种子一般发芽成长，长成大树。正如孟子所说，人人皆有恻隐之心、羞恶之心、辞让之心、是非之心，这是心之四端，由恻隐之心发展出仁，由羞恶之心发展出义，由辞让之心发展出礼，由是非之心发展出智，所以仁义礼智，本是人心所具有的。因此孔子也才会说，“我欲仁，斯仁至矣”。但王阳明与孔子、孟子以及陆象山不同的是，他没有停止于人性本善这个逻辑起点，他从这个起点出发，又进一步往前推，得出了心体无善无恶的结论。其实说起来也很简单，因为善恶是次一级的概念，与道德、利益、社会等等概念休戚相关，而心作为本体，自然是无善无恶的。

王阳明在越中的最后阶段，得出了心体无善无恶的结论，并进而得出了著名的四句教：“无善无恶心之体，有善有恶意之动，知善知恶是良知，为善去恶是格物。”

他的两大弟子——钱德洪和王畿，为这四句教展开了争论。王畿认为四句教“恐未是究竟话头”，他说：“心体既是无善无恶，意亦是无善无恶，知亦是无善无恶，物亦是无善无恶。若说意有善有恶，毕竟心亦未是无善无恶。”是为“四无说”。而钱德洪则认为四句教是“定本”：“心体原来无善无恶，今习染既久，觉心体上见有善恶在，为善去恶，正是复那本全功夫。”

钱德洪的想法比较容易理解，人心本光明，无善恶可言，但为世俗利欲所习染，正如镜上起了尘垢，所以要为善去恶，将镜上的尘垢刮磨去，使镜复归光明。而王畿的说法又该如何理解呢？其实王畿与钱德洪的区别，关键在于两个人的角度不同，钱以心为镜，认为心会被世俗利欲所习染，而王畿则认为心为本体，既然心体光明无善无恶，那在这无善无恶的心体观照下，自然无所谓意之善恶，也无所谓知之善恶，更无所谓物之善恶，一切皆是光明。正如在太阳的照射下，虽然会有阴影，但这阴影却无损于太阳本身的光明。

很显然，王畿的推论更彻底，但也更难实现。王阳明赞赏王畿的彻底，但也并不否定钱德洪的观点，他说："洪甫（钱德洪字洪甫）须识汝中（王畿字汝中）本体，汝中须识洪甫工夫。二子打并为一，不失吾传矣！"

王阳明认为，王畿的推论虽然彻底，但不是一般人能够做到的，若是一味追求心体光明，而不屑于为善去恶的格物工夫，则易有蹈虚之病。而钱德洪的打磨工夫，虽然在理论上不彻底，但却更适合一般人。

王畿和钱德洪这一次的争论，和王阳明的印可，就是著名的天泉证道。也就是说，其实还在王阳明未去世时，其心学理论的分流就已经开始了。

钱德洪讲为善去恶的格物工夫，其方法论上近于程朱理学，而王畿讲本体工夫，在方法论上更近于禅宗。

然而在我看来，对于我们现代人而言，无论是钱德洪的打磨工夫，还是王畿的本体工夫，都无关紧要了。王阳明所留给我们的最大遗产，是他将宋代文人所具有的独立品格，重新赋予了明代的文人。然而也正如晚明的顾宪成所言："阳明先生开发有余，收来不足。当士人桎梏于训诂词章间，骤而闻良知之说，一时心目俱醒，恍若拨云雾而见白日，岂不大快！然而此窍一凿，混沌遂亡。"以至于明清之际，有许多人将明朝亡国的责任推到了王阳明的头上。

但是到了晚清，梁启超却又重新拾起心学的武器来，鼓动起文人们的独立和批判的精神。包括日本，也是在阳明心学的影响下，才最终有了明治维新，并以明治维新为起点，逐渐发展为一个现代化的国家。

李　贽

出生和性格

明世宗嘉靖六年（1527）的农历十月二十六日（也有人认为是十月三十日），李贽出生于泉州城南门外浯江林氏祖居。他本姓林，名载贽，入了学才易姓为李，后来因为避皇帝讳的缘故，把名字中的“载”字去掉，才定名为李贽，并最终也是以这个名字为世人所铭记。

李贽的家族，是林李二姓同宗的，这和一般的家族不同。起因要追溯到李贽的一世祖李闾。当时还是元朝末年，李闾是一个商人，常常出航到海外诸国，其长子李驽继承了家业后，成为泉州的大商人，他因为做生意航海到波斯，娶了一个色目女人，并因此而改信了异教，易姓为林。

但也有人说，其实李贽的家族本就姓林，是因为林驽的次子林端得罪了贵官，不得不埋名易姓，更名为李端，才使林氏宗族中多了李姓这个支派。总之，不管是什么原因，李贽的家族就是林李两姓同宗的，一般的习惯是林和李轮着姓，比如李贽的父亲姓李，那么李贽这一辈，也就姓林。

由此我们可以见出，相比于一般的中国人，李贽的血统、出身和宗教信仰，都比较复杂。他的祖上有阿拉伯的血统，家族中有信仰异教（普遍认为是伊斯兰教，但我怀疑是摩尼教）的传统，他的出身也比较低微：他的家族一直以经商为生，到李贽的父亲白斋公这一代，才开始读书，但白斋公也没有得到什么功名，李贽是他们家族中第一个考中了举人的人。

泉州是一个以商业为主的、极其开放的港口城市，此地不仅居住着大量的阿拉伯人，还流行着各种来自异国的宗教，有伊斯兰教，也不乏摩尼教和袄教的信徒。李贽就是在这样一个被各种文化、习俗、宗教和传统冲击着的城市中度过了自己的童年，他的不信权威、争强好辩，同时又总是自我怀疑的个性的养成，与他的家族以及他所生活的城市，有很大的关系。

他的不信权威和好辩的个性，很小就显露出来了，有一件他小时候的轶事，可以见出这一点。

六七岁时，李贽就开始跟父亲白斋公读书。十二岁时，白斋公要他以“老农老圃论”为题作文。李贽回忆道：“吾时已知樊迟之问，在荷蒉丈人间。然而上大人丘乙已不忍也，故曰：‘小人哉，樊须也。’”

樊迟之问，事见《论语·子路》。樊迟问孔子种田、种菜的学问，孔子认为樊迟在故意刁难自己。樊迟出去之后，孔子就说：“小人哉，樊须也。”而李贽则认为孔子的器量不免狭小，他以为樊迟和荷蒉丈人①都是隐士一流的人物，孔子不应该因为樊迟问自己庄稼上的事情而骂他是小人。

这里李贽不仅批评了孔子的器量狭小，同时还以“上大人丘乙已”来称呼孔子，也显示出他对孔子的戏谑态度。李贽写出这篇作文之后，他的同学大约因为其立论新奇而交相夸赞，称“白斋公有子矣”，但李贽自己却反倒不以为然，认为同学们之所以夸赞自己，不过是因为自己“利口能言”罢了，而且同学们的祝贺也太鄙浅：他们认为李贽长大以后，或可以靠着文辞博取富贵，而李贽自己却是对此不屑一顾的。

---

① 见《论语·宪问》。

李贽好辩，同时又争强好胜，因此他的好辩就往往会变成强辩和诡辩，比如荷蒉丈人是隐者，《论语》中是明言的，但说樊迟是隐者，却不免缺乏根据。李贽自己也明白这一点，所以他也称自己不过是“利口能言”——如果李贽只是“利口能言”也罢了，但偏偏他不仅“利口能言”，而且还怀疑一切权威，更常常怀疑自己，而他从小的志向又很高远，一心想着要求道、成名、成圣，于是他的人生就不免要充满坎坷和艰辛了。

为官生涯

李贽的家境并不算好，而李贽的父亲又很豪爽，乐于助人，李贽回忆他的父亲说：“吾大人何如人哉？身长七尺，目不苟视，虽至贫，辄时时脱吾董母[①]太宜人簪珥以急朋友之婚，吾董母不禁也。”因此到李贽二十岁的时候，他就不得不离开家乡外出谋生了，然而李贽的奔走并没有什么用，家里仍然贫困。到了最后，他仍然不得不老老实实地去参加科考，看看能不能靠着文辞来博取富贵，这本是为他所鄙薄的。

李贽是一个聪明人，知道讨巧，他在书摊上买来八股文集，照着背诵，果然一下就考中了举人，然而随后的两次科考，他都没有能考中进士。到三十岁的时候，李贽的家族已经无法继续支持李贽考下去，李贽不得不出来做官。明朝时，举人也有做官的资格，不过往往只能做学官或偏远地区的官员，相比于进士出身的官员，地

---

① 李贽的继母。

位较低。

嘉靖三十五年（1556），李贽带着老婆孩子，到河南共城县（今河南辉县）去任儒学教谕，就是共城县县学的教官。李贽是带着悲伤之情上任的，因为他刚刚失去了长子，他安慰自己说："共城，宋李之才宦游地也，有邵尧夫安乐窝在焉。尧夫居洛，不远千里，就之才问道。吾父子倘亦闻道于此，虽万里可也。"邵尧夫就是邵雍，邵雍不远千里，从洛阳到共城，向李之才问学，李贽以此事安慰自己，以为若能在共城闻道，则他们父子求道的志愿就能实现，即便为此需跋涉万里，也在所不辞。——虽然经历了十几年的蹉跎，但李贽求道的志向，并没有被磨灭。

但是明朝的共城，早已不是北宋的共城，李贽在共城当了五年教谕，什么都没有学到，不过他的仕途还算顺利。嘉靖三十九年（1560），李贽被升为南京国子监的教官，相当于从一个县中学的教师，被提拔为国立大学的讲师。

可是他在南京只待了几个月，就不得不回泉州守制，因为他的父亲白斋公去世了。

当时东南沿海各省倭寇猖獗，李贽刚回到泉州不久，泉州城就被倭寇包围了。整个李家大大小小一共有三十余口人，全都靠曾经当过国子监教官的李贽养活。泉州城被围后粮食紧缺，李贽几乎无以自活。一直到嘉靖四十一年（1562）的春天，倭乱才平息，紧接着又发生了大饥疫，泉州"人死十之七"①。李贽服丧期满后，立即带着妻儿老小到北京去，一方面是等候官缺，另一方面也是为了

---

①《泉州府志》。

逃难。

他在北京等了十个月还没有等到新职，钱花光了，他不得不出去教书，到嘉靖四十三年（1564）六月，才得到北京国子监博士的职位。李贽刚喘了口气，轻松了没几天，又传来了祖父去世的消息，而他的次子大约也是在这时候死去的，他只好又带着妻儿，从北京回福建去。

经过共城时，他思之再三，决定把老婆和三个女儿都留在共城，自己只身回福建去。他当时只想着这样能节约一点路费，好把手头那点可怜的赙金更多地用在祖父的丧事上，而且他的曾祖父和曾祖母，也因为一直没有买到好地而未能安葬，他想趁着这一次，把他们也安葬了。然而他没有想到，这个决定，竟害死了他的两个女儿。

他的妻子黄氏，十五岁时就嫁给了他，当时李贽也才二十一岁。这十几年来，黄氏为李贽生了四个儿子、三个女儿，然而儿子或未成年即夭折，或成年后就死去了，到这时只余三个女儿。李贽把妻子和三个女儿留在共城，一方面是想节约路费，另一方面也是因为他在共城为官五年，熟悉当地情况，也有朋友可以帮他照顾妻女，他比较放心。他拿出一半赙金买了块地，给黄氏耕作，以为这样必定万无一失。黄氏其实也想回去，但却被李贽严厉地拒绝了。

共城有一个“权墨吏”，以疏通运粮的漕河为名，把泉源全都导入漕河中，只有给钱的富户，才能从漕河中分水灌溉。李贽数次向那个官员求情，官员都执意不肯给共城百姓放水。其实当时李贽如果只为自家那几亩地求水，那官员毕竟还是却不过他这个国子监博士的情面，终究要高抬贵手，然而李贽却发了牛脾气，他说：“嗟哉，天乎！吾安忍坐视全邑万顷，而令所置数亩灌溉丰收哉！”

他不忍坐视全县万亩农田受灾，而自己家的几亩地却因得到充足的灌溉而丰收。他就这样气鼓鼓回泉州去了。而那一年果然发生了大饥荒，李贽买下的数亩田地，只收回来几斛稗子，他的大女儿之前就吃过不少苦，因此还能吞得下稗子，没有饿死，而二女三女年纪较小，实在吞不下去，就这样生生饿死了。

当时共城有一个推官，姓邓名石阳，是四川内江人，与李贽有旧，他拨出了自己的俸银两星，又两次写信给共城地方官，一共求得银子四两，交给了黄氏，黄氏靠着这些银子，一半用来买粟，一半用来买棉花纺布，才勉强度过了这次饥荒。

这件事给李贽极大的打击，也使他对儒家的教条产生了怀疑，他之前千里跋涉为官取食，本就是为了整个家族的利益，这一次回泉州去，也是为了守制和尽孝才不顾妻子的恳求，将妻子和女儿抛在共城。几年之后，他从泉州回到共城，最初仍是按着儒学的教条，把守制和尽孝放在了第一位，他说："……'回首天涯，不胜万里妻孥之想，乃复抵共城。入门见室家，欢甚。问二女，又知归未数月俱不育矣。'此时黄宜人泪相随在目睫间，见居士色变，乃作礼，问葬事，及其母安乐。"白天他与妻子相见时，一方面不愿让妻子重新陷入悲痛中，另一方面，他也仍然端着孝子和家长的架子，然而到了深夜，他与妻子秉烛相对，一切外在的约束都不存在了，他才明白地看出了自己的矫情，并落入了痛悔的深渊之中。

经历了共城的悲剧，李贽本已不想再继续出仕了，但是为了谋生，他仍不得不携妻女到北京去候缺，这一次倒是很快就补了礼部司务的职。礼部司务是一个穷官，李贽自己倒不在乎，他说"穷莫穷于不闻道，乐莫乐于安汝止……吾闻京师人士所都，盖将访而学焉”。虽然吃了那样多的苦，走了那样多的弯路，但他的求道之心并未泯灭。

京师有人劝告他，认为他的性子太过偏狭，李贽以为说得有理，就自号宏父居士，又因为思念父亲白斋公，因此又自号思斋居士。

他在北京待了五年，这五年他主要用来学习和钻研王阳明的心学。到隆庆五年（1571），他四十五岁，改任南京刑部员外郎，这也是一个闲散的穷官。但他不以为意，仍是一心扑在求道上。他在南京又待了五年，在这里他不仅结识了罗近溪、王龙溪、王襞等心学巨擘，同时还认识了耿定理，而与耿定理的相识、相知，对李贽的后半生产生了极大的影响。

他与耿定理的结识很有意思。李贽在北京钻研王学五年，自以为颇有心得，到南京后就常常聚众讲学，其言谈颇有出格之处，比如他论忠节孝义之人，就说那些人的忠节孝义“都是做出来的，本体原无此忠节孝义”。有一天李贽又在高谈阔论，听众中有一个人，初时只是默默，末了问李贽一句：“学贵自信，故曰吾斯之未能信。又怕自是，故又曰自以为是，不可与入尧舜之道。试看自信与自是有何分别?”“吾斯之未能信”一句，出自《论语》，而“自以为是，不可与入尧舜之道”，则是出自《孟子》。耿定理要李贽分辨“自信”与“自是”之区别，李贽其实是被问倒了，但他本就喜强辩，而人又机智，于是脱口道：“自以为是，故不可与入尧舜之道；不自以为是，亦不可与入尧舜之道。”李贽的回答，只能说是诡辩，对于“自信”和“自是”的分别，他的分辨中并没有涉及；然而从这个分辨中也可以看出，李贽的思想，是更倾向于“自以为是”的，虽然此时他仍然不知道应该如何从理论上证明“人需自是”这一点，但他的这个强辩，也充分表明了他的决心和意志。耿定理听了之后大笑而别。这一次交锋，成就了两人的友谊。大约是因为李贽其实也知道自己是在靠着利口能言强辩，而耿定理也明明知道李贽是在强辩，但他既没有指出李贽的强辩，也没有对李贽的无礼嗤之以鼻，而是欢喜大笑。李贽后来也说，耿定理之欢喜大笑，是因为“深喜余之终可入道也”。耿定理的风度和学识深深地吸引了李贽，李贽多年来一直在求“胜己之友”，他认定耿定理就是“胜己之友”，于是，在万历三年（1575），他趁着休假，跑到耿定理的家乡黄安（今湖北红安）去隐居了几个月。到万历五年（1577），他五十一岁，忽然官运来了，改除云南姚安知府。这是一个四品的实职，别人得了这个官职必定欢天喜地，而李贽在赴云南途经黄安时，却想弃官留在黄安与耿定理相伴。耿定理看他实在太穷，劝他还是先赴任，挣点钱再说。李贽接受了劝告，他与耿定理约定：“待吾三年满，收拾得正四品禄俸归来为居食计，即与先生同登斯岸矣。”

在黄安和麻城

黄安，就是现在的红安。它本是麻城的一部分，在耿定理的哥哥耿定向的努力下，黄安于嘉靖四十二年（1563）从麻城分割出来独立成县，而耿氏也因此成为黄安县最有势力和威望的家族。

耿定向在黄安五云山修了一个书院，名天窝书院，李贽于万历九年（1581）姚安知府任满之后，辞去官职，带着妻子来到了黄安，住进了天窝书院。

李贽与耿定理是知交，两人极为相得，但与耿定理的哥哥耿定向的关系却一般。李贽来到黄安时，耿定向因守制的缘故也在黄安，但是当时因为耿定理还在的缘故，李贽和耿定向之间，除了在论学上时有争论之外，并没有什么其他的矛盾。

李贽也满足于天窝书院的生活，他说："侗天①为我筑室天窝，甚整。时共少虞②、柳塘③二丈老焉，绝世器，怡野逸，实无别样出游志念，盖年来精神衰甚，只宜隐也。"

他在天窝书院的生活，基本上就是读书和著述，"唯有朝夕读书，手不敢释卷，笔不敢停挥……"他半生蹉跎，一直到这时候，才能彻底摆脱家族和官身的牵绊，全身心地投入到读书和写作中。

然而好景不长，万历十二年（1584）的七月，耿定理去世，李贽极为悲痛。而更令李贽感到无奈和沉痛的，是他与耿定向的关系恶化。李贽与耿定向两人，原本只是学术观点上有不同，在私交上并无龃龉处，耿定向为了安顿李贽一家，还特意为他们在天窝书院"筑室"。但是耿定理去世那一年的三月，耿定向守制结束返京，同年三弟耿定力亦赴蜀中为官，耿定向担心家中子弟无人照管，会被李贽的学说带偏，于是写信给李贽，"数致箴切"。李贽的为人处世，自从自号"宏父"以来，已经有了极大的改变，对于耿定向的"箴切"，他最初只是抱着退守的态度为自己分辩，在给耿定向的信中，他说"仆自敬公，不必仆之似公也"，但耿定向却无法冒着家族败落的风险，继续对李贽和而不同，他不断去信与李贽争辩。在这样的情形下，李贽不得不从天窝书院搬出，徙居于麻城的维摩庵，

① 耿定向号楚侗，人称天台先生。亦有人以为是"侗老"之误。
② 吴心学号少虞。
③ 周思久号柳塘。

同时将妻子和女儿女婿送回泉州。在万历十三年（1585）他写给耿定向的信中，态度已经改变，其“利口能言”的本性又显露出来，一开头就语带嘲讽，他说：“世人白昼寐语，公独于寐中作白昼语，可谓常惺惺矣。”他说世上的人大白天的都还在说梦话，只有您一个人，即便做梦时都还在说着清醒语，真是太机警了。到万历十四年（1586），他写信给耿定向，已经直接称耿定向为心口不一的伪君子了，而在次年即万历十五年（1587）的信中，他更称耿定向为“贼德之乡愿”，自己“虽过门而不欲入其室”，这已经是明明白白地与耿定向绝交了。

李贽对耿定向态度的转变，除了因为耿定向的步步紧逼之外，有很大一部分原因，是因为李贽还认定耿定向对何心隐的死负有责任。何心隐，原名梁汝元，江西吉安永丰县人，他曾发起政治运动，促使严嵩罢相，到张居正执政时，他又不顾张居正禁止讲学的禁令，到处讲学，湖广巡抚王之垣将其逮捕，乱杖打死。世人皆以为王之垣之打死何心隐，是为了讨好张居正，而耿定向作为何心隐的好友（有研究者甚至认为何是耿的老师），同时又为张居正所信任，而且与张居正的同乡兼密友李义河亦是知交，但耿定向在何心隐危难之际，却没有出手相救。李贽对何心隐极崇拜，以为他是当世的豪杰，他对耿定向的不救何心隐是极为不满的。

万历十二年（1584）李贽与何心隐的学生胡时中相识，关于何心隐遇害的情形，估计是从胡时中处听来，但耿定向是否真是对何心隐的遇害袖手不管，却是一件颇值得怀疑的事。据耿定向的《里中三义传》所云，耿定向对何心隐的死，绝非只是作壁上观，他先是致信给王之垣为何心隐辩白，之后又写信给李义河，请李义河施以援手。但李义河复书云：“政府左右，且籍此中公也，公兹从井中救人耶?”李义河指出，人家本就想把耿定向拖进来，你现在居然还想从井中救人，到最后不仅救不了人，还要害得自己也落入井中。何心隐死后，没有人敢给他收尸，只是随便埋在荒山上，是耿定向于次年嘱咐何心隐之徒收其尸骨，归葬于孝感。这些虽然是耿定向的自辩，但其中涉及致书王之垣和李义河事，以及收何心隐之尸骨归葬孝感事，都是可以查证的，若这些事全都是子虚乌有，恐怕王之垣、李义河等人都会出来否认。

但李贽当时是不可能再去听耿定向的自辩的，而以耿之为人，恐怕也不屑于为自己辩白，于是两人的关系，就彻底地破裂了。

对于与耿定向的决裂，李贽的心情是极其复杂的。一方面，耿定向毕竟是耿定理的大哥，以耿定理的想法，必定是不希望自己的挚友与自己的大哥闹翻；另一方面，李贽在离开天窝书院之后，不仅不得不离开自己的家人，孤独地生活，且大部分时间都处于颠沛流离中，更让李贽难受的是，他的不少好友也或与其绝交，或与其关系变得疏远。

李贽的窘境，到万历十九年（1591）达到了极点。他于万历十二年离开天窝书院后，托庇于麻城周家，先是寄居于麻城维摩庵，后又迁至周家所建之龙潭湖芝佛院。这几年间，虽然孤单，但生活还算稳定，特别是在芝佛院的那几年，与天窝书院的生活相比，其安适程度可以说是有过之而无不及。但是到了万历十八年（1590），李贽将自己与耿定向论辩的信函以及其他的书信一起，以《焚书》之名刊刻成书公之于世，使事件进一步升级，终于使李贽连麻城也待不下去了。

《焚书》出版后，风行海内，舆论亦因此大哗。因耿定向当时已经是一派宗主，门生众多，且官至南京右都御史，地位崇高，而李贽自己是以四品官致仕的狂禅，何况书中不仅有李贽与耿定向相互攻讦和论辩的书信，更有许多在时人看来离经叛道的观点，因此这样的一本书一出，自然是要洛阳纸贵的。

李贽之出版此书，未尝没有求名的目的在，而且李贽对自己求名的愿望也并不隐瞒，因他的学说，就是讲求人之真心、童心的，他之所以将《焚书》刻出，就是为了“则知我者或庶几乎”，而《焚书》的出版，也确实使李贽蜚声海内。

然而李贽为了获取这名声所付出的代价，却是巨大的。《焚书》出版后，他遭到了麻城民众的驱逐，不得不离开芝佛院，开始了晚年颠沛流离的生活。世人多以为李贽之遭驱逐，是因为耿定向在背后鼓动的缘故，这种说法，看似颇有道理，其实中间却有疑点。

《焚书》出版后，先是有耿定向的门生蔡毅中作《〈焚书〉辩》，耿定向亦因此而作《求儆书》，其中有“夫子得子路，恶声不至于耳”之语，后人据此以为耿定向是在鼓动其徒攻击李贽。《焚书》出版之后，耿定向的门生以及麻城的民众，确实做了驱逐迫害李贽的事情，但如果据《求儆书》的片言只语，就认定是耿定向在背后鼓动，则证据未免不足。子路之事，见《论语·雍也》：“子见南子，子路不说。孔子矢之曰：‘予所否者，天厌之！天厌之！’”孔子过卫国，当时卫国是南子把持朝政，孔子去见她。而南子是以美而淫出名的，因此子路怀疑孔子做了不道德的事，孔子不得不在子路面前以天来赌誓，以表明自己与南子之间并没有暧昧。可见耿定向之意，实是希望他的学生们也能像子路对孔子那样，监督自己，对自己求全责备，从而使自己的立身更为光明正大，使外人即便想攻击自己也无从下手。实际上此意在《求儆书》中亦说得很清楚，在“恶声不至于耳”之后，耿定向接着说：“非子路奋勇遏绝天下之恶声不至也，意必有以求夫子之失而补其缺，恶声无自至也。”耿定向的意思，显然是反对他的学生作《〈焚书〉辩》的，因他是收到了蔡毅中的《〈焚书〉辩》之后才写的《求儆书》。他的意思是让蔡不要“奋勇遏绝天下之恶声”，而是应该“求夫子之失而补其缺”。从这个意思上看，耿定向的本意与今人的看法正好相反，他是不希望他的门徒去与李贽争辩的，争辩尚且不可，自然更不用说驱逐和迫害了。

颠沛流离的晚年

然而耿定向的阻止并没有什么用。从万历十八年（1590）一直到万历二十八年（1600），李贽大多数时间处于颠沛流离中。先是黄安的郡守和兵宪以李贽“左道惑众”为由，要抓捕他，李贽不得不离开麻城，经武昌到衡州去避难。李贽经过武昌时，结识了时任湖广左布政使的刘东星。刘东星对李贽极佩服，李贽在武昌期间，得到了刘东星的庇护。大约是因为有刘东星的庇护的缘故，李贽所受之迫害减轻。到万历十八年的冬天，李贽得以重返龙潭湖芝佛院。

但是在次年的五月，李贽与袁宏道到武昌游黄鹤楼时，却又被人驱逐，李贽不得不与袁宏道出武昌城，到城外的洪山寺居住，刘东星得知消息，把他们迎入城中。

万历十九年（1591）和二十年（1592），李贽一直住在武昌，直到万历二十一年（1593）的春夏间，他才又回到龙潭湖芝佛院。但是到了万历二十三年（1595），耿定向的门生史旌贤，新任湖广按察司佥事兼湖北分巡道，到黄安去看望耿定向和耿定力，路经麻城，宣称李贽“大坏风化”，自己要“以法治之”，局面一时又变得紧张起来。耿定理的儿子耿克念一直都偏向李贽，反复去信给李贽，请他立即到黄安来居住。但李贽复信拒绝了耿克念的好意，他在信里说：“窃谓史道欲以法治我则可，欲以此吓我他去则不可。……我可杀不可去，我头可断而身不可辱，是为的论，非难明者。”

时任吏部右侍郎的刘东星因父丧守制于山西上党沁水坪上村，来信邀李贽于万历二十四年（1596）的年初到山西去相聚。李贽因为史旌贤的事，将行程推迟，直到万历二十四年的夏秋之间，才离开麻城到沁水去。他在沁水住了差不多一年，于次年春离开沁水，应大同巡抚梅国桢之邀到大同去。他在大同住到九月，随后离开山西到北京去，住在西山极乐寺。李贽的挚友焦竑，于万历十七年（1589）考中状元，供职于翰林院，因性情耿直，得罪了朝中不少人。在李贽来到北京的这一年，焦竑遭人弹劾，被贬为福建福宁州同知。万历二十六年（1598）春天，李贽与焦竑一起离开北京，沿大运河南下，到南京去。李贽在南京住了大约一年。万历二十七年（1599），李贽离开南京，到江西临川去拜访汤显祖。万历二十八年（1600）三月，李贽又应时任山东漕署的刘东星邀请，来到山东济宁，他在济宁住了几个月，到夏天的时候，他终于又回到了麻城。

然而他回到麻城没多久，就又遭到了迫害，而且这一次的迫害更为猛烈。万历二十八年的秋天，一伙流氓冲入龙潭寺，遍寻李贽不获，就纵火烧毁了芝佛院。李贽回到麻城，本是为了等死，他在给友人的信中说："今年病多，以病多，故归来就塔……"李贽的学生和友人们为李贽在芝佛院建了埋骨塔。李贽因年老病多，不顾危险回到麻城等死，而麻城人却仍容不得他，必欲置之死地而后快。李贽的学生杨定见听闻麻城人欲捉拿李贽的消息，提前将李贽带出芝佛院。李贽虽逃过一劫，然而芝佛院和院中的埋骨塔，却尽数被毁。

李贽只能暂住于河南商城黄蘗山的寺院中。万历二十八年的十月，退职的御史马经纶自通州来到黄蘗山，邀请李贽随他一起到通州去。次年二月，一开春，李贽便随马经纶到通州去了，这一年，他七十五岁。

从六十五岁到七十五岁的十年间，李贽一直在辗转流离中，很少能够在一个地方住到两年以上，许多地方只是住了几个月、一年，就又离开了。对李贽这样一个体弱多病的老人来说，这实在是太辛苦了，他并不想过这样的生活。

与耿定向之和好

早在万历十九年（1591），李贽为了能够回到麻城，就曾经加冠蓄发，不再以异端形象示人，他写信给周友山："即日加冠蓄发，复完本来面目，二三侍者，人与圆帽一顶，全不见有僧相矣。如此服善从教，不知可逭左道之诛否?"这本来应该是一封"求饶信"和"悔过信"，然而李贽这封信的字里行间，却不见丝毫求饶和悔过之意，反倒全是戏谑和嘲讽，什么"不意忧世者乃肯垂大慈悲教我如此"，什么"诸公遵守孔门家法，决知从宽发落，许其改过自新”，除了“然弟之改过实出本心”这句能看出是认真说的之外，整封信与其说是求饶和悔过，不如说是嘲弄和讽刺。

这样的一封信，自然不会有什么效果。但是据李贽给他的学生杨定见的信，在这一时期，李贽对耿定向的评价，已经不再是“假道学”“乡愿”，而变为“长者”。他在信里说：“侗老原是长者，但未免偏听。故一切饮食耿氏之门者，不欲侗老与我如初，犹朝夕在武昌倡为无根言语……”李贽认为耿定向的门生和清客们不希望自己与耿定向和好，所以不断地说自己的坏话。

据李贽后来写给焦竑的信，他在给周友山写这封信的前后，确实曾经为了能够回到麻城而加冠蓄发。在这封给挚友焦竑的信中，李贽以嘲讽和戏谑支撑起来的盾牌消失了，字里行间，唯有悲伤和迷茫：“弟今又回到武昌居住了，独自于江汉之上遨游，求道之路艰辛难行，我是早就知道了；但陶渊明‘归欤’的悲叹，我却无法止息，因为实在是无处可归呀！我这个老家伙，本就没有家的，都是以朋友为家，然而我现在连朋友也没有了，我又能归于何处呢？汉阳城里还勉强算是有认识的人，而武昌则完全绝迹了，更不要说可以一起谈论学问的人了。我写到这里，真是一字一泪，但心中的苦，又不知当向何人道，当与何人读，不如我还是像以前一样，把头发剃了，进山当和尚好了。”

直到万历二十一年（1593）的九月，李贽和耿定向才得以重修旧好，居中调停的，是衡州知府沈鈇。沈鈇对耿定向说，李贽已经有悔过之意。李贽到黄安去拜见耿定向，据沈鈇所作《李卓吾传》，两人见面的情形是“相抱大哭，各叩首百拜，叙旧雅，欢洽数日而别”。

李贽与耿定向的再一次相聚，是在万历二十三年（1595）的冬天，正是史旌贤放话说要将李贽逐出麻城的时候，李贽虽然去信拒绝了耿克念的好意，但是在这一年的冬天，他终究还是去黄安见了耿定向，并且还在耿家住了数月。

沈鈇说李贽有悔过之意，并非没有依据。早在万历十七年（1589），李贽即说黄安上人出家实为“大孝”，到万历二十四年（1596），李贽又说“孝为百行之先”。李贽原本所反对者，实为“假道学”和“乡愿”，而非反对儒家的伦理，在《焚书》出版之后，或许是因为年纪渐老，或许是因为飘泊所致，或许也是因为与耿定向的和好，他的锋芒逐渐减弱。他死前的最后一本著作《九正易因》，也成为他的所有著述中，唯一的一本被纪昀承认还算有价值，“较他书为谨守绳墨”的作品。

然而李贽最后几年锋芒的收敛并没能改变他的命运，随着他距离通州越来越近，那似乎早已注定的死亡也在等待着他。

李贽的死

在开始这一节之前，有必要先对李贽与耿定向之关系做一个补充说明。在世人看来，耿定向是李贽的敌人，但实际上，耿定向同时也是李贽的朋友、供养人和保护者，而且很有可能耿定向也是对李贽最抱以期望的人之一。这最后一点，可以在他写给周思久的信中得到证明。当时李贽为逃避世俗的侵扰，也为了坐实别人对他“异端”的指责，竟剃发出家，偏偏他出家又不守戒，照样饮酒食肉，因此在麻城引起极大的争议，朋友间也多有反对者。但是在耿定向写给周思久的信中，耿定向却对此评论道："卓吾发愤如此，计当必透此一关，透此一关，便是人天师矣。"李贽剃发是在万历十六年（1588），那时候李贽与耿定向早已绝交，而耿定向却仍对李贽抱以"人天师"的期望，因此李贽后来说耿定向是"长者"，必定也是有所感而发的。

耿定向对李贽的保护，有实据可查的，是万历二十三年（1595）史旌贤过麻城时，放话说要驱逐李贽以正麻城风化，耿克念写信邀请李贽到黄安以避祸。虽然写信的并不是耿定向本人，但耿定向作为耿家的族长，耿克念若得不到耿定向的同意，是不可能邀请李贽前来的。而史旌贤对李贽的威胁，最终也不了了之，有研究者以为是因为"在人民大众的心目中，迫害思想犯总是一件很可耻的事"①，这不免有以今人之腹度古人之心的嫌疑了。其实既然史旌贤是耿定向的门生，则史对李贽之威胁的不了了之，或是因为耿定向的阻止，也不是完全没有可能的。

还有一件事可以作为旁证。耿定向在世时，无论传出多大的风声，李贽在麻城都没有遭遇到真正的危险，相反，他的很多著作，包括引起轩然大波的《焚书》，都是在麻城出版的。万历二十一年（1593）李贽回到麻城后，甚至还大张旗鼓地修建芝佛院，收女徒弟，与女信徒书信往来，路人侧目。然而从万历二十一年到万历二十四年（1596），除了史旌贤的威胁造成了一些最终也未能实现的影响外，李贽在麻城稳如泰山。万历二十四年六月耿定向去世，同年九月李贽就离开麻城到山西去，恐怕不是一件偶然的事。而万历

① 许苏民：《李贽评传》。

二十八年（1600）李贽回到麻城后不久，芝佛院就被烧，李贽不得不非常仓促地离开麻城，托庇于黄蘗山中。失去了耿定向的保护，恐怕是其中最主要的原因。

实际上，在当时的麻城，欲驱逐李贽以正风化的，并不仅仅只有史旌贤这样的道学官员，中间恐怕也有不少今人所谓的“人民大众”，而李贽的保护者和供养者中，反倒常常出现大地主和高官，比如之前提到的梅国桢，以及周思敬和周思久，他们所属的梅家和周家，都坐拥土地千里，仆役以千计，属于麻城最有势力的家族。

万历二十九年（1601）的二月，李贽随着马经纶一起离开黄蘗山向通州去，与他们同行的，除了二三侍者之外，还有李贽的另一个学生汪本钶。整个三月他们都在路上，正是冰雪初融、乍暖还寒的时候，他的两个学生或许还不知道，七十五岁的李贽是抱着求死和必死的决心，走完这一段旅程的。

早在万历二十五年（1597），李贽在写给焦竑的信中，就已经隐约透露了他以死来求名的愿望和决心：“我听说有人想杀我，因为得到兄长的分剖才止了杀心，我对此感恩戴德。但弟以为，生在中国，却不得中国半个知己，倒真不如出塞远行，死为胡地之白骨来得好。兄长您又何必劝我回到龙湖去呢？龙湖不是我的死地，只有有胜我之友的地方，又有能真正知我之人的地方，才是我的死所。……与其不得朋友，在孤独中死去，那真还不如在牢狱里死去，在战场上死去，我还甘之如饴呢，所以兄长您又何必救我呢？死而有侠骨之香，死而得烈士之名，那岂是回到龙湖在孤独里老死可以相比的。大抵一个人，如果不愿意在妻儿身边死去，那就必定要在朋友的怀抱里死去，这于情于理都是显而易见的。”

大抵李贽之北上通州，有两种打算，或者是死在马经纶的家里，由马来安排他的后事，因马经纶虽未见得是“胜己之友”，但却确实是“真能知我者”；或者求“牢狱之死”“战场之死”，以求“侠骨之香”“烈士之名”，因通州近北京，而北京是当时的政治、文化中心，李贽无论在麻城、武汉还是在南京，都曾遭受迫害，如今竟投北京而去，无异于自投罗网，无怪乎后来有人对此无法理解了。

李贽于万历二十九年（1601）的四月到达通州，到次年的二月，《九正易因》完成后，他病情恶化，卧床不起，二月五日，作《遗言》，预先安排了自己死后的葬事。大约李贽这时是以为死于牢狱已经不可能了，但能死于知己的怀抱之中，毕竟也不是憾事。但是到了闰二月廿五日，礼部给事中张问达上疏劾奏李贽，李贽被捕入狱。

袁中道叙当时之情形云：“《易因》写成，（李贽的）病变得严重了。这时候来逮捕他的人来了，家里乱成一团，公问马公（经纶），马公说：‘卫士来了。’公拼尽全力爬起来，走了几步，大声说；‘是为我来的，为我取门板来！’门板来了，公卧在门板上，大声说：‘快走，我是罪人，不能留在这里！’”

他似乎早已在等待着这一天，因此当卫士来逮捕他的时候，他既没有丝毫的讶异，也没有片刻的迁延。马经纶要陪他一起入监狱去，但他不让马去，马经纶坚持着，一直走到通州城门前。马经纶的老父派了数十仆役来劝阻，让马经纶不要去，但马经纶还是去了。最后陪着李贽一起入狱的，除了马经纶，还有李贽的另一个学生汪本钶。

关于张问达的劾奏李贽，有三种说法。一种以为是因为耿定向的学生蔡毅中的缘故，因蔡毅中恰好于万历二十九年（1601）中进士，选为翰林院庶吉士，而其座师温纯与张问达同为陕西三原人，因此有人认为是蔡通过其座师温纯鼓动张问达弹劾李贽，但这种说法不免牵强，时人多不取。

另一种说法则认为，张问达背后的策划者是辅臣沈一贯。首先李贽在入通州之前，就有传言说他对沈一贯多有丑诋，而李贽之到通州去，未尝没有学何心隐的意思——如果时机合适，他就要发起一场运动，把刘东星送上执政的位置。万历二十七年（1599）他在刘东星寿卷后的手书中，即有“吾见公之人矣①，入即持此卷以请教当道。今天下多事如此，将何以辅佐圣主，择才图治？当事者皆公信友，吾知公决不难于一言也”的语句，则李贽有此意已久矣，而马经纶之邀其去通州，也正好实现了他入京的愿望。然而七十五岁的李贽是否还有发动一场政治运动的能力和体力，是很值得怀疑的。他到通州后，大部分的时间实际上还是用在《九正易因》的写作上。但从另一方面看，李贽也确实有极大的影响力，张问达在劾奏中所云“倘一入都门，招致蛊惑”的风险，并非全无可能，所以沈一贯的痛下狠手，也就不难理解了。

第三种说法则是认为，张问达的劾奏李贽，实际上是沈一贯的投石问路。沈一贯的真正目标是当时也在京师的达观紫柏，因达观紫柏与沈一贯的死对头、另一辅臣沈鲤有瓜葛，沈一贯是想通过打击达观紫柏以达到打击沈鲤的目的。但达观紫柏有皇太后撑腰，因此沈一贯只好先拿李贽试水，因李贽和达观紫柏正是当时的两大教

---

① 通行本多为“吾见公之入矣”，私意以为“入”乃“人”之误。

主。这种说法也有很多论据支持，李贽死后不久，达观紫柏确实也入狱了，而且达观紫柏也如李贽一样死在了狱中，沈鲤最后也确实被牵连到。

无论如何，就在李贽以为自己终究还是要死在“真能知我者”的怀抱中的时候，他的另一目的——“牢狱之死”——却突然地接近于实现了。然而这时的他却又陷入了犹豫之中，一方面是人的本能的对生的依恋阻止了他的死，另一方面，马经纶和汪本钶寸步不离，也使他求死的愿望一直不能实现。

李贽迟迟不死，还有希望能得到万历皇帝的一个说法的缘故，因他是以“敢倡乱道”的罪名进入诏狱的，而他自己对这个罪名并不承认，对金吾对他的指控，他答以“罪人著书甚多，具在，于圣教有益无损”的分辩。然而万历皇帝的说法却迟迟不至，李贽终于失去了耐心。

三月十二日，汪本钶因离家太久，家中屡屡催问，不得不离开李贽，回新安（今安徽黄山）省母，而马经纶亦于此前后暂回通州觐父，狱中除了侍者之外，只有李贽一人。三月十五日，李贽呼侍者剃发，趁着侍者不注意，取剃刀自割其喉，一时未死，拖延到十六日的晚上，才终于气绝。

在李贽挣扎而未死的时候，侍者问他：“和尚痛否？”李贽用手指在侍者的手中写道：“不痛。”侍者又问：“和尚何自割？”李贽又写道：“七十老翁何所求！”

“七十老翁何所求”这句出自王维的《夷门歌》，那诗里说：

七雄雄雌犹未分，攻城杀将何纷纷。（七国雌雄未分，争战不断。）

秦兵益围邯郸急，魏王不救平原君。（秦兵围攻邯郸，但魏王却不愿出兵去救那赵国的平原君。）

公子为嬴停驷马，执辔益恭意愈下。（信陵公子为侯嬴停下驷马车，请侯嬴上车安坐，为侯嬴执辔驾车，情恭而意卑。）

亥为屠肆鼓刀人，嬴乃夷门抱关者。（朱亥是屠肆上的屠夫，侯嬴是守门的小吏。）

非但慷慨献良谋，意气兼将身命酬。（他们意气慷慨，不但献上良谋妙策，更将自己的性命献给信陵君以为酬报。）

向风刎颈送公子，七十老翁何所求。（侯嬴他向风刎颈以送信陵公子去救赵，七十岁的老翁还有什么可追求的。）

他这一辈子，最想做的，终究还是侯嬴那样的豪杰，仗义轻生，死时犹闻侠骨之香，死时犹有烈士之名。

梅之焕

万历十六年（1588）的秋天，李贽从麻城维摩庵搬出，寓居于龙潭湖芝佛院。龙潭湖距麻城三十里，景色极美。

而袁中道则描述李贽寓居于芝佛院之情形云：“闭门下锁，每天只管读书。又特别喜爱扫地，好几个人拿着扫帚不停扫地都忙不过来。衣服也要天天洗，干净得不得了，每天不停洗脸洗身子，就像跟水有情一样。不喜欢俗客，那些没有得到邀请就来的客人，只见一面，就让对方坐得远远的，嫌他太臭太脏。他欣赏的客人，整天说话欢笑不绝，他不喜欢的，一句话也不会说。那些滑稽调笑的语句，往往脱口即出，既让人笑破肚子，也往往令人刺骨生寒。”

寓居于龙潭湖芝佛院的这一段日子，大约也是李贽一直在期待的，同时也是他一生中最幸福、最安宁的一段日子了，虽然现在看来，这幸福安宁的表象之下，其实已经潜藏着极大的危险。

就是在这一段幸福安宁的日子里，梅之焕第一次见到了李贽。

万历十六年（1588），梅之焕才十三岁，他的从父梅国桢，时任河南道试御史，因服丧回到麻城，得以与李贽相识。梅之焕大约是随着梅国桢一起到芝佛院去，从而得以见到了李贽。他是一个胆大的少年，继承了梅家血脉里的勇武。他曾经从龙潭湖的高崖上引身跃入湖中，也曾经骑着马带着弓箭独闯麻城校场，与材官比试，九箭尽中靶心。李贽对他极是喜爱，而梅之焕对李贽也极尊敬，说他是李贽的粉丝绝不为过。

梅之焕对李贽的敬重，一直到李贽死后许多年，仍未改变，多年后他于友人处见到李贽手书，极为高兴，称李贽手书为宝，说“天地间实有此一段精光在”，又说“龙湖如青天白日，人有知其光明独断者，凡断楮遗墨，咸欲宝而藏之”。

在梅家，对李贽敬若神明者并非只有梅之焕一人，梅国桢孀居在家的女儿梅澹然也是其中之一。在那个男女授受不亲的年代，梅澹然竟不顾舆论的反对和路人的侧目，与李贽保持书信往来多年，而且后来与李贽书信往来的又不止于梅澹然一人，梅家的其他信佛的女儿，也与李贽通信，虽然他们所谈的皆是佛教问题，并无不可见人处，但麻城的民众已经视此为伤风败俗之举，无法忍受了。

李贽在麻城受迫害和被驱逐，实与他与梅家过于亲密有极大的关系。李贽被捕入狱后，马经纶到处写信，为李贽分辩，其中谈到李贽在麻城之情形，亦指出众人对李贽之攻击，其目的实不在李贽本人，而是在梅家，尤其是后来手握兵权，官至兵部右侍郎的梅国桢。而梅国桢和刘东星一样，都是李贽最重要也最可靠的保护人。万历二十九年（1601）的春天，时任宣、大、山西总督的梅国桢因父丧解任，而刘东星亦于这一年的九月卒于河漕总督任上，因此当万历三十年（1602）礼部给事中劾奏李贽的时候，一时间竟无人能为李贽出力，最后只有退职的御史马经纶仍在做着无用而又无可奈何的营救。

梅之焕是梅家继梅国桢之后最有出息的人物，他曾官至右佥都御史，最后却因为得罪了执政温体仁而不得不落职回乡。他回到麻城的时候，麻城正处于极其危险的状态，随时都有可能被流寇即后来我们所说的农民起义军攻破城池。

梅之焕在他的母家所在地沈庄筑起坚固的堡垒，又将佃户和邻里组织成一支一万多人的团练，招募恶少组成游兵，招募猎人为药弩手，同时他还从广东买来红夷大炮架在城楼上，沈庄因此而变得坚不可摧，令流寇闻风丧胆。

而县城的城墙也在梅之焕的组织之下获得了修缮。在梅之焕落职回乡的八年间，麻城坚如磐石，流寇们不仅不敢进攻麻城，在他们经过沈庄时，甚至还要绕道而行。

据钱谦益所作《梅长公传》，沈庄堡垒前后竟养活了数十万人，

“莳花之圃，养鱼之陂，皆斥以予民；诛茅结庐，鸡豚成社，所全活数十万人。兵后凶灾，振廪贷粟，又全活数万人”。花圃、鱼塘，全都送给老百姓；砍了草木搭起茅庐，鸡和猪成群结队，前后所活有数十万人。战争过后，饥疫兴起，取谷赈贷，又救活了数万人。

梅之焕死于崇祯十四年（1641）的初秋，麻城人为此痛哭流涕。在很久以后，于梅之焕的忌日和诞日，他的墓前竟仍能聚集起数千哭拜的人。麻城在失去梅之焕之后，只支撑了两年就陷落了。在《红雨：一个中国县域七个世纪的暴力史》这本研究麻城地方史的著作中，作者这样写道：“在接下来的十年里，发生在麻城的故事就是一波又一波血腥的奴仆起义、异族的入侵和殊死的抵抗运动，其间既有对落难的明王朝的忠诚，又夹杂着强烈的地方主义。故事中不乏阴谋与背叛，却罕有幸存者。”

世事如此，当麻城人疯狂地驱逐和迫害李贽的时候，他们不会想到，多年之后，他们必须靠着一个梅家的子孙、一个李贽的崇拜者，才得以如蝼蚁般地继续苟活于这虚伪而残酷的世界。

李时珍

科场上的失败者

大明朝嘉靖十三年（1534）的秋天，十七岁的李时珍踏上了前往省城武昌的大道。由李时珍的家乡蕲州到武昌去，不到二百里，两三天的途程，并不算远，但这途程无论是对李时珍还是对李时珍的父亲李言闻来说，都异常重要，因为李时珍这次到武昌去，是去参加他人生中的第一次乡试。

大明朝的科举，自太祖朱元璋定制以来，并没有太大的改动。乡试是逢子、卯、午、酉年，在直隶和各省举行，会试则是在乡试后的第二年，即丑、辰、未、戌年在京城举行，所考内容，乡试与会试相同，首场试四书五经义，次场试论判，又于诏、诰、表内科一道，三场试策。这三场中，第一场最重要。明清两代试四书五经义，是有一定之规的，第一是要代圣贤立言，就是用圣贤的语言说圣贤的观点，第二是文体逐段相对，——这就是所谓的八股文了。

李时珍自八岁时随父亲李言闻认书识字，十二岁时到蕲州城有名的学者顾问那里去学作八股文，十四岁时成为秀才，有了参加乡试的资格，到现在十七岁，也算是十年寒窗苦读了。无论是他自己，还是他的父亲李言闻，都对这一次的考试抱有极大的希望。

说起李时珍的家世，里面还有很多故事。他的祖父地位低下，只是一个走乡串户摇铃行医的摇铃医；李时珍的父亲李言闻，字月池，年轻时虽然考中了秀才，但乡试屡屡不第，只好放弃举业，跟着李时珍的祖父行医。他的医术比父亲高明，后来就在蕲州城的玄妙观坐诊，还被推荐进京，成为太医院的吏目。李言闻虽然做了太医，但仍对自己不能从科举这条路出仕耿耿于怀。所谓“万般皆下品，唯有读书高”，大明朝的举人，除了有当官的资格之外，还有许多其他的优待，比如可以免若干亩地的税赋，以及若干口人的丁役。万历十五年（1587）的举人之家，竟可优免一千二百亩地的田税。嘉靖年间虽然没有那么多，但实际的情形却是所免亩数大大高于国家的规定。正因为有了这样的法规，所以往往有许多人主动把自己的田产投献到举人或进士的家里去以逃避赋税，更有人索性把自己也投到举人或进士家为奴，以逃避丁役。结果造成的情形呢，正如大家在《儒林外史》中看到的那样，范进考中举人后，立即山鸡变凤凰，不仅从穷光蛋变成了一个富人，与之交往的也全都变成上层人士了。

因此考中举人甚至进士，光宗耀祖，光大门楣，不仅是李时珍一家三代人的梦想，也是每一个大明朝老百姓的梦想。李言闻一共有两个儿子，大儿子李果珍，资质平平，只能在家务农，因此他把所有的期望，都寄托在了小儿子李时珍的身上。

然而，要想考中举人，已是非常非常困难了，考中进士更是难上加难。

一般的情形，乡试，一省之中所取不会超过百人，嘉靖十九年湖广取九十人，这算是多的了，少的如洪武三年，仅取四十人；会试就更困难了，参加考试的举人，全国以万计，但能中进士的，一般在三四百人间，可以说是千里挑一。乡试本就已是千里挑一，到了会试，又是千里挑一，可知一个读书人若居然能考中进士，是一件多么难得而幸运的事。

正史和野史中，随处可见虽然才气横溢博学多识，但却在科场上频频失利的倒霉蛋。比如袁中道，他的两个哥哥，大哥袁宗道，二哥袁宏道，都是年纪轻轻就考中进士，当上了大官，他自己也是少年成名，以豪杰自居，早早就中了举人，但却居然一直考到四十六岁方才考中进士，当官没几年，到五十四岁上就死了。还有陈继儒，还是诸生时其名声就与董其昌相颉颃，但却居然一直考到二十九岁尚未中举，以年龄计，他应该参加了四次乡试都落榜，最后索性放弃举业，隐居了事。

因此李时珍第一次的乡试名落孙山，也就是极正常的了。第二次的乡试，是在丁酉年，李时珍二十岁，这一年更倒霉，李时珍在考试前得了骨蒸之病，也就是结核病，虽得李言闻以黄芩汤救命，但乡试自然是落榜了。到了庚子年，李时珍二十三岁时，参加了第三次乡试。这一次考前倒是一切顺利，但考完之后，仍然榜上无名。

李时珍对举业彻底绝望了，他写了一首诗给父亲，以表明自己放弃举业，改行学医的决心，其诗云："身如逆流船，心比铁石坚。望父全儿志，至死不畏难。"

终生的遗憾和艳羡

或许李时珍的家族血统中果真有学医的天赋，再加上李时珍自己的勤奋，到了嘉靖三十四年（1555），李时珍三十八岁时，因其医术高明，楚王府聘李时珍为奉祠所的奉祠正兼管良医所事，到了嘉靖三十七年（1558），李时珍又被推荐入太医院成为吏目。

对于一个医生来说，这几乎已是最高的荣誉了。但是对于李家而言，这些都算不上什么——李言闻早就已经进过太医院成为吏目了。而李时珍自己，也并没有把进太医院当成一件多么了不起的事。在他死后，他的儿子李建元把《本草纲目》进献给大明朝的皇帝，在《进本草纲目疏》中，李建元甚至都没有提及李时珍曾进过太医院这回事，“臣故父李时珍，原任楚府奉祠，奉敕进封文林郎，四川蓬溪知县”，那个“文林郎”“蓬溪知县”的头衔，还是因为他的长子李建中中举之后，先是当了河南光山县的教谕，后来又升了四川蓬溪县的知县，他才按例得到的。

李建中是在嘉靖四十三年（1564）考中举人的，虽然在此前的嘉靖二十五年（1546），李言闻已经补了贡生，成为国子监生员，也有了当官的资格，但这是挨贡（明代每地有补贡生的名额，一般在当地诸生中排队获补），虽对李家的地位有帮助，但却也有限，因此李建中考中举人，无论是对李言闻还是对李时珍来说，都是一件了不得的大事。然而此后李建中却连续参加了六次会试都没有考上进士，只好放弃考试，出来当官了。由举人出来为官，毕竟不是正途，在官场上没有什么前途，亦被进士出身的人看不起，但对李家而言，已经是一个大进步。

而李时珍呢，是始终都对自己不能成为一个举人抱有遗憾的。在他后来所写的《蕲州十景》诗中，曾经表达过这种遗憾，他在咏蕲州麟阜峰的一首诗中写道：“笑侬不做弹冠梦，只恨当年少战功。”

“弹冠”者，出仕之意，北齐颜之推有《古意》诗：“十五好诗书，二十弹冠仕。”李时珍嘲笑自己连出仕为官的梦都没做过，只因为年少时科举不利，无法考中举人。

相应地，李时珍对能以进士身份出仕、在文坛上享有盛名的读书人非常崇敬，对能与这些名士贵人交往的布衣之士也十分艳羡。他有一首题刘雪湖所画《梅谱》的绝句，就表现了这样的情形。

其诗云：

雪湖点缀自神通，题品吟坛动钜公。

欲写花笺寄姚淛，画梅诗句动江东。

刘雪湖，名世儒，字继相，会稽山阴（今浙江绍兴）人，是当时的著名画家，擅画雪梅，兼长诗书。这诗的大意是说：雪湖你的画技和诗艺都已通神，震动了那些有名望的公卿贵人；我虽然也想写一首诗寄给身在浙江的你，但又心怀惭愧，因为你的诗句早已经名满江东了。

有时，他更不惜老着脸皮去攀附名人，在他的诗集中，有一首《吴明卿自河南大参归里》，或许就是为了攀附吴明卿而写的。吴明卿，即吴国伦，字明卿，兴国（今江西兴国）人，其地与蕲州相邻。他是嘉靖庚戌年（1550）的进士，授中书舍人，几经迁擢后，在河南参政任因台参罢官。李时珍这首诗，应该就是在吴国伦罢官回兴国州时写的，其诗一般，我就不在这里引用了。

其中用了一些典故，也大都是众所周知的，其诗大意是劝慰吴国伦，说像你这样如兰杜般高洁的人，官场本不值久留，不如趁着此次罢官，好好享受一下山水与美食。

河南参政是方面大员，大约相当于现在的河南省副省长，李时珍虽然因为顾问的关系，或许有机会能与吴国伦见面，但吴国伦对他，是不是能留下印象就很难说了。钱谦益《列朝诗人小传》“吴国伦”条，说吴国伦“归田之后，声名籍甚。海内噉名之士，不东走弇山，则西走下雉”。“弇山”是王世贞的别号，“下雉”则是兴国州的旧称。这条的意思是，当时的求名之士，不到太仓（今江苏太仓）去找王世贞的话，就必定要到兴国州去找吴国伦。因此吴国伦当时对李时珍的印象，大约也是众多的“嗽名之士”之一吧。

可以作为旁证的，是李时珍后来为求《本草纲目》的出版，竟然也不得不东走太仓，去找王世贞了。

那已经是万历八年（1580）的事了，当时李时珍六十三岁，王世贞五十五岁。王世贞，太仓人，字元美，号弇州山人，嘉靖丁未年（1547）进士，为“后七子”的领袖，高攀龙死后，独主诗坛二十年。《明史·王世贞传》说当时情形为“一时士大夫及山人、词客、衲子、羽流，莫不奔走门下。片言褒赏，声价骤起”。李时珍花二十七年时间，奔走大江南北，苦心孤诣，编撰成《本草纲目》五十余卷，却苦于没有人愿意刻印。当时南京是出版业的中心，李时珍跑到南京去，连找了几个书商，都不愿意出，于是他便不得不到太仓去，求王世贞给《本草纲目》作序，求那“片言”的“褒赏”了，然而他所得到的，却不过是王世贞的嘲戏。

王世贞当时已经以疾辞去官职回到家中闲居，对这个抱着一大套医书来求序的来自蕲州的瘦老头子，自然是看不上的，更何况他当时正沉迷于求仙炼丹——王世贞有一个侄女，还没出嫁丈夫就死了，她就誓不出嫁，潜心学道，号昙阳子。而李时珍抱书去求序的时间很不凑巧，正好是昙阳子升天之时，王世贞正忙着给昙阳子作传呢，哪有心思为这个没有地位的医生的书作序，于是就写了下面这首诗嘲弄李时珍：

濒湖先生见访之夕，乃仙师上升时也，寻出所校订本草求序，戏赠之：

李叟维肖直塘树，便睹仙真跨龙去。

却出青囊肘后书，似求玄宴先生序。

华阳真逸临欲仙，误注本草迟十年。

何如但付贤郎写，羊角横抟上九天。

（附注：君有子为蜀中令，故云。）

濒湖是李时珍的号，华阳真逸是指南北朝时的道士陶弘景。这诗大概是说：

李老头瘦得跟直塘的一棵老树似的，他到这里来时，正好目睹了仙真昙阳子跨龙升天。他却没有趁此机会向仙真求道，反倒拿出一本医书来求我给它作序，岂不知当年陶弘景为了作《本草经集注》而把升天的时间推后了十年么？再说你自己的儿子也已经当了县令了，不如就让他作序好啦。有他作序，这本医书一定能像羊角旋风一样扫荡一切，飞上九天的。

在这首诗里，王世贞不仅以嘲弄的口吻拒绝了李时珍的求请，还称自己为“玄宴先生”。“玄宴”，疑为“玄晏”，晋皇甫谧，隐居不仕，自号玄晏先生，后人因以“玄晏先生”代指高人雅士或山林隐逸。在王世贞看来，李时珍不过是一个太医院的吏目罢了，地位低微，他的儿子李建中倒还算个官儿，但也不过是个举人出身的县令，怎能与自己这样一个高人雅士相提并论，自己犯不着自降身份，去为这个瘦老头儿写的书作序了。

这便是大明王朝的社会现实，也是李时珍祖孙三代拼命地想要通过科举挤进上流社会去的原因。他们的梦想，终于在李建中的儿子李树初那一代实现了。然而，现实却跟他们开了个残酷的玩笑，这且留到后面再说。

《本草纲目》

本草学的历史非常久远。李时珍之前，所收药物最全的本草书，是北宋人唐慎微所编之《经史证类备急本草》，即《证类本草》，此书计有三十二卷，六十余万字，共收药物一千五百五十八种，比北宋仁宗时所修的《嘉祐本草》还多了四百七十六种。书中还有插图，并有附方近三千首。此书自北宋至明代，始终被视为最权威的药物学著作。

本草书的编撰，愈到后来，其工程量就愈浩大，王世贞的诗里已经提到，陶弘景为修撰《本草经集注》，将升遐的时间推迟了十年，而其所增收的药物，不过三百余种。到北宋时，本草书已多是奉诏集体编撰，否则仅以一人之力，穷其一生，也难有所成就。然而例外也有，比如唐慎微，私人独自编撰本草，虽然最终编成，但所费时间却极长，可以说，唐慎微的一辈子，基本都耗费在这本书上了。

《证类本草》虽然所收药物极全，且亦已被所有人视为权威，但到明代时，毕竟已经流传五百余年，其中舛误甚多，比如以狼毒为防葵，以钩吻为黄精，以女葳为葳蕤，等等，已经有不少医家因为以《证类本草》为据用错了药而治死病人，因此李时珍在行医的过程中，越来越觉得有必要再重修一本新的、更全面也更准确的本草书了。

然而重修本草谈何容易，李时珍首先想到的是希望能够求请到大明朝的皇帝下诏，以官方的力量，如北宋那样集群体之力重修本草。但当时的嘉靖皇帝对医药完全不感兴趣，他的所有精力，都放在炼丹求道以得长生上了。相应地，太医院对重修本草也很不重视，李时珍为太医院吏目一年，屡次上书请修本草，皆无结果，他终于彻底对官修本草一事绝望了，索性辞去了吏目之职，回到蕲州去，决定以自己的力量重修本草。

李时珍正式开始编纂《本草纲目》是在嘉靖三十一年（1552）他三十五岁的时候，此后三十八岁入楚王府，四十一岁入太医院，四十二岁离开太医院返乡，并完全放弃了请求官修本草的希望；四十三岁到四十八岁，居家编修《本草纲目》；四十八岁到五十一岁四年间，每年都外出采集药用植物，解剖药用动物，绘制药物图；五十二岁后开始居家撰写《本草纲目》的初稿；五十六岁完成初稿；五十七岁至六十岁，一直在做《本草纲目》的修改工作。到六十二岁定稿，前后花了他二十七年的时间。书中共收药物一千八百九十七种，其中李时珍所增药物为三百七十四种，附次子李建元所绘药图一千一百零九幅，附药方一千零九十六首，所引用的书目计有八百余种。参与编撰的人，除了李时珍自己外，还有其长子李建中、次子李建元、季子李建方和幼子李建木，以及孙李树宗、李树声、李树勋和李树本，另外还有李时珍的弟子庞宪等人。可以说，李时珍的一家三代，以及弟子和朋友，都参与到此书的编撰中了。

然而《本草纲目》编成之后，却无人愿意刻印，李时珍先是到黄州、武汉等地联系书商刻印，却没有结果，之后他又只身来到当时的出版中心南京想办法，但也没有书商愿意承印。六十三岁的时候，他到太仓去乞求王世贞为《本草纲目》作序，王世贞一言九鼎，只要他愿意作序，就不愁没有人刻印此书，但所得到的不过是王世贞的嘲戏。六十五岁时，李时珍不得不从南京回到蕲州，暂时放弃了刻印《本草纲目》的想法。一直到七十三岁时，他才再一次到南京去联系刻印之事，这时已是万历十八年（1590），与李时珍第一次求请王世贞作序，相隔已有十年。王世贞正好是在这一年去世的，或许他在这十年间曾有向李时珍求医之举，并且也终于对十年前的嘲戏和轻薄后悔了，在这一年的正月十五日，他改变了对李时珍和《本草纲目》的看法，很爽快地为《本草纲目》写了序，并给予了很高的评价。到李时珍七十五岁那年的春天，南京藏书家胡承龙开始为《本草纲目》刻版。

然而李时珍没能来得及见到《本草纲目》的成书，他在七十六岁时在家中死去，临终前叮嘱次子李建元待《本草纲目》刻印出来之后，代他进奉给朝廷。

两年之后，李建元将此书进奉给当时的大明朝的皇帝朱翊钧，朱翊钧批道："书留览。礼部知道。"

胡承龙的金陵本所印极少，更有人说此本实为李时珍自费印刷，目前仅存七部。七年之后，即万历三十一年（1603），江西巡抚、都察院右副都御史夏良心倡议捐资，江西按察司按察史及江西多位在职官员赞助，在江西出了重刻本。这一版因为印刷的资金充足，印数较多，再加上书中有"书留览。礼部知道"的神宗皇帝亲笔，因此影响比金陵本要大得多。后来又有杭州本和味古斋本。《本草纲目》逐渐成为流传最广的本草书，《明史·李时珍传》说"士大夫家有其书"。到了现代，人们对李时珍的评价就更高了，新中国成立后还拍有电影《李时珍》，由著名演员赵丹饰演李时珍，将李时珍塑造为与官绅作对，一心为老百姓治病的良医，这个形象影响极大，代表了现代人对李时珍的看法。

李树初

在李时珍编撰《本草纲目》的这二十七年间，李家的地位亦在逐步提升。最早，先是李言闻补了贡生，到李时珍五十六岁时，其长子李建中以举人资格出任河南省光山县教谕，就是县学的校长，官虽不大，但毕竟已经是一个正式的官员了。到李时珍六十岁时，李建中升任四川蓬溪知县，阶文林郎，这是正七品的官员，而且有了实权。李时珍七十岁时，李建中升任云南永昌府通判，这是正六品的官职，也就是在这一年，李建中的儿子李树初出生了，他或许是李时珍最小的孙子，然而却正是他彻底地改变了李家在蕲州的地位。万历四十六年（1618），李树初考中举人。从举人到进士，他的父亲李建中考了六次，都无功而返，而李树初却在中举人的第二年就考中进士（李时珍已去世将近三十年），授户部主事，后来在山西按察副使任上致仕家居。这时候的李家，已经成为蕲州的望族了，其地位已经可以和当年的顾家相提并论。

然而就在这时，历史与李家开了一个残酷的玩笑。崇祯十六年（1643），张献忠的军队打到了蕲州城外，李树初倾家财建了磐石砦和符乾砦守城，但最终蕲州仍被攻陷。李树初被抓住，不屈而死，其继室封氏及长子延庆，孙之萍、之藻同遇害，次子具庆所生五子亦遇难，具庆自己得当时已怀孕的妻子吴氏所救，仅以身免。吴氏更于逃亡途中生下一子之瑨。在那一场大劫难中，李家十七口人，死了十口。

张献忠的军队在蕲州所杀之人绝不止这十口，据清人王葆心所作《蕲黄四十八砦纪事》，不仅是建藩于蕲州的荆王府被屠，蕲州城的乡绅士族亦被杀戮殆尽。“（崇祯十六年正月）二十六日，张献忠以二百人乘雪夜袭蕲州，令绅士冠带自东入、由西门出，尽杀之”，“三月，复陷蕲州，屠且尽”。李时珍的家族，从其祖父始，到其孙李树初止，一共花了四代人的时间，才得以成为士绅望族，而所换来的，却不过是一场残忍的屠戮。

李树初的次子李具庆因为得到妻子吴氏的救助，非常幸运地逃过了这场屠杀。关于这一次极其神奇而幸运的逃亡，史书中语焉不详，只说吴氏身怀六甲，却能从尸体堆中找到已受重伤的李具庆，并背着他逃走，而且还在逃亡途中产下一子。

入清之后，幸运地逃得一命的李具庆没有再求仕宦，“屏居湖滨，绝意进取”（英启《李时珍家传》）。

李叔同

燕支山上花如雪，燕支山下人如月

李叔同在天津的时候是一个富家公子，穿着月白长袍，外罩紫色章绒琵琶襟坎肩，冬令外出必乘暖轿，轿围子用灰鼠皮制成，颇为讲究。他在天津几个有名的戏园子里出入，自己更曾登台票演，至今还留有他饰演黄天霸和褚彪时的照片。据说他便是在这时捧上了杨翠喜。

杨翠喜是当时天津唱河北梆子的名角，戏目有《拾玉镯》《卖胭脂》《青云下书》等等。河北梆子分新派老派，老派渐渐式微，新派却如火如荼，与北京的京剧分庭抗礼。杨翠喜是新派里面首屈一指的花旦，捧她的人里，有不少是当时的权贵。

新派的河北梆子，在念白唱腔等等地方，相对于老派都有改革，传说李叔同还指点过杨翠喜唱戏，世人更演绎出李叔同与杨翠喜互相切磋技艺的种种情事，仿佛他们在一起时除了唱戏便不做其他，就是谈情说爱也纯洁得很，只有爱而没有欲。电影《一轮明月》里面，更是把李叔同与杨翠喜的关系演绎得如同俞伯牙与钟子期，纯洁得几欲一尘不染。且不说当时李叔同还是天津大盐商家里的三少爷，杨翠喜不过是欢场中的女子，看她后来的行事，也就知道当时的情形，决不会只有戏曲上的切磋那么简单。更有人演绎出李叔同想要娶杨翠喜进门，而遭母亲和哥哥反对，不得不放弃之种种故事——李叔同喜欢杨翠喜倒是真的，但决不会愚蠢到不顾家族的反对非要娶之进门不可，何况他对母亲的感情是至孝至诚，岂会做出如此令母亲生气的事情？

其实后来有人据当时的书籍考证出李叔同绝不可能在天津时就与杨翠喜相识，说到这个，就得先说说杨翠喜后来的事情，这件事情在当时可以说是轰动了全国，到现在也一直为人们所津津乐道。

1906年的时候，清政府改革官制，打算在东三省设督抚，于是先派当时的主政大臣、庆亲王奕劻的儿子载振和袁世凯的幕僚兼结拜兄弟徐世昌去考察，两人路经天津，由候补道员、天津巡警总办段芝贵负责接待。段芝贵知道这是一个升官发财的好机会，不仅设下华美筵席，更请来当时的头牌杨翠喜在席前唱曲。杨翠喜正是豆蔻年华，娇俏可人，虽出身欢场却如出水芙蓉一般纯真可爱，立刻把纨绔子弟载振迷得神魂颠倒。载振离开天津后，段芝贵借盐商王益孙之手，花一万二千金把杨翠喜赎出送给载振。载振投桃报李，将黑龙江巡抚一缺送给了段芝贵，这是连升三级，由道员直接升了布政使。这件事被御史赵启霖知道了，一纸奏折送上去，慈禧大怒，先把段芝贵的黑龙江巡抚撤了，又派醇亲王载沣和大学士孙家鼐查办，这两个人自然不会那么不识趣，以查无此事回报，结果最后反倒是御史赵启霖被革了职。庆亲王奕劻是官场中的老手，自己早就先装了孙子，请求慈禧把载振的农工商部尚书的职务给撤了，还把杨翠喜给送回了天津。关于杨翠喜回到天津之后的情况，传言甚多。有说她自此就跟了盐商王益孙，还替王益孙育有一子的；也有说她回到天津后继续登台唱戏的；更有说她后来就跟了段芝贵，直到袁世凯复辟，段芝贵飞黄腾达，她也跟着成了北京上流社会里的风流人物，后来袁世凯复辟失败，段芝贵也抛弃了杨翠喜。关于杨翠喜的出身也有多种说法，最可靠的一种，据光绪三十三年（1907）新小说社出版的《杨翠喜》一书所收录的杨翠喜的小传，说杨翠喜本是河北通州人，案发时年仅十九岁，她十二岁时因家贫被家人带到天津，开始学戏，十四岁时在侯家后协胜茶园初次登台，其后又在大关茶园、景春茶园等处演出，红极一时。按照这个小传的说法，杨翠喜生于1889年，1900年十二岁时到天津，1902年十四岁登台演出，而李叔同早已于1898年离开天津到上海去了，不可能又回到天津去捧杨翠喜的场子，至于点拨杨翠喜唱戏云云，更是无稽之谈。

但李叔同与杨翠喜必有过接触，而且两人的关系可能还甚是亲密。1905年，李叔同作《菩萨蛮·忆杨翠喜》二首，回忆自己与杨翠喜的情事：

> 燕支山上花如雪，燕支山下人如月。额发翠云铺，眉弯淡欲无。夕阳微雨后，叶底秋痕瘦。生小怕言愁，言愁不耐羞。
>
> 晓风无力垂杨柳，情长忘却游丝短。酒醒月痕低，江南杜宇啼。痴魂销一捻，愿化穿花蝶。帘外隔花阴，朝朝香梦沉。

李叔同与杨翠喜交往的时间，有两种可能：一是在庚子之乱后，于1901年，李叔同曾携家人从上海北上天津，欲与兄长团聚。但这种可能性并不大，因为当时李叔同并没有能见到他的大哥桐冈——他们一家因为避乱而到河南去了。李叔同在天津旅馆内住了一个月，只能又回到上海。在这兵荒马乱之时，很难想象李叔同还有闲情逸致去戏园听戏，而杨翠喜之初次登台，也是在1902年，是在李叔同回天津之后一年。还有一种可能，就是在1902年到1905年间，杨翠喜或曾到上海演出，而李叔同之与杨翠喜往还，也就在她到上海演出的这段时间里。

至今网上还流传有杨翠喜的照片三张，有两张是单人照，大约也就是十六七岁时照的，果然是“额发翠云铺，眉弯淡欲无”，如同美国电影《一树梨花压海棠》里的洛丽塔，却又没有洛丽塔的张扬，多了些东方女子的稳重和娇羞，真是我见犹怜；还有一张却是她与载振的合影，她斜靠在美人榻上，满身的绫罗绸缎，一张银盆脸，一双狐媚眼，再没有之前的纯真了。

李叔同从天津搬到上海去后，先是在法租界卜邻里租房居住，后来又搬到了许幻园的城南草堂，并与许幻园、袁希濂、张小楼、蔡小香四人义结金兰，号称“天涯五友”。许幻园是松江人，家资富有，擅长写诗作文，喜欢新学，人也很慷慨。他看到李叔同租住的房子周围比较嘈杂，就空出几间上房，让李叔同搬过来居住。他的城南草堂在南市青龙桥旁，不仅环境幽雅，而且十分宽敞。李叔同就带着家人搬过来了，许幻园还特意为李叔同写了“李庐”的横卷挂于书房门楣，自然是希望李叔同把这里当成自己的家的意思。许幻园、袁希濂、张小楼、蔡小香这四个人，都是上海当时前程最为远大的青年才俊，李叔同与他们义结金兰后，又结成城南文社，每月会课一次，课卷由张蒲友孝廉评阅。1898 年 10 月，文社第一次课卷，李叔同的论文和赋就被列为首选，以后也屡屡得到佳评，是文社中文名最盛的人物。许幻园的夫人宋梦仙亦善作诗，曾题诗赞李叔同道：

李也文名大如斗，等身著作脍人口。
酒酣诗思涌如泉，直把杜陵呼小友。

这诗里说李叔同喝醉时竟称杜甫为自己的“小友”，可见当时的李叔同多么意气风发、傲视天下了。而他也确实有傲视天下的本钱，除了在文社里的课卷屡屡被评为卷首之外，他还曾参加格致书院每月一次的征文比赛，在1898—1905年间共获奖十二次。这格致书院是英国人麦陀华于1873年在上海福州路创立的，除了请名流王韬、徐寿、徐建寅等人讲授国学外，还建有藏书楼，购置各种仪器，普及科学知识。

1904年年末，李叔同还曾参加上海商务印书馆的征文，此征文奖金不菲，他的两篇文章均获二等奖，奖金为三十元。而李叔同1912年留日归来之后，到浙江两级师范学校和南京高等师范学校任职时，虽然兼职两校，月薪亦才一百余元。

但年轻的李叔同对这点奖金自然是不屑一顾的，他的父亲虽已去世，但天津李家尚未败落，仍是家资丰饶，否则李叔同又怎么能在寸土寸金的法租界租房子住？

李叔同的篆刻也颇有成就，他在上海的《苏报》上登过写字和篆刻的广告，润例颇高，堂幅八尺的要四元，石章每字四角半，但就是这样仍然应接不暇，后来不得不又登了一个重订润例的广告："……凡寿屏、碑志诸大件均鲜暇不应，取件以七日为限。立索加润不应。"

那时他年方十九，戴着嵌白玉丝绒碗帽，穿着曲襟背心，花缎袍子，底下缎带扎着脚管，脚穿双梁厚底鞋，眉目英俊，写得好字，作得好画，弹得好曲，刻得好章，简直再世的潘安也不如他。再加上"天涯五友"中的大哥蔡小香是一位风流浪子，他自然也免不了要在声色场中流连了。他甚至还在上海的八卦小报上发表过艳词，比如这首《醉花阴·闺怨》，就是刊登在1901年6月7日的《消闲报》上：

落尽杨花红板路，无计留春住。独立玉阑干，欲诉离愁，生怕笼鹦鹉。

楼头又见斜阳暮，怎奈归期误。相忆梦难成，芳草天涯，极目人何处？

当时与李叔同有过交往的妓女，现在有据可查的，就有李苹香、朱慧百、谢秋云、语心楼主人和老妓高翠娥。中国的文人有与妓女交往的传统，这里面的缘由很多，比如因为当时父母包办婚姻，夫妻之间往往没有什么真感情，因此男人常常要出去喝花酒找心灵慰藉，——女人自然也有感情需要，只是父权社会之下只能隐忍罢了；再如当时女性大多没有受过教育，即便认识字也只读过《列女传》《孝经》之类死板文字，自然没有什么情趣可言，即便长得漂亮，出身高贵，却大多都像班婕妤这样不解风情，皇帝要和她同辇她还以礼教不合来拒绝，自然怨不得皇帝要爱上赵合德和赵飞燕了。而妓女不仅善解风情，又往往能琴棋书画，如薛涛鱼玄机这样的，不仅长得好，会风情，诗又作得比男人还好，那些文人怎能不对她们如痴如醉？李叔同的情形也与此相类，他的妻子俞氏是茶商的女儿，大约是没读过什么书的，长相就现在能看到的照片来看，也不过是一般，而且也不是自由恋爱，而是母亲说定的婚事，他自然是不会喜欢的。电影《一轮明月》里面，李叔同的母亲去世时，对李叔同说“以后只要你喜欢的事情，就只管去做，只要你高兴了，我也就高兴了”云云。那意思大概也就是如果你要跟俞氏离婚，母亲也不会阻拦了。但李叔同毕竟没有跟俞氏离婚，他为人至孝，做不出母亲一死就把母亲说定的女人一脚踢开的事，但他也没有办法不在外面另寻新欢。

现在多有人为李叔同辩护，说他在上海如此纸醉金迷，是因为看到国家衰败，因此意气消沉，这里面的原因自然也有，比如他写诗赠语心楼主人：

天末斜阳淡不红，蛤蟆陵下几秋风。将军已死圆圆老，都在书生倦眼中。道左朱门谁痛哭，庭前枯木已成围。只今憔悴江南日，不似当年金缕衣。

李叔同的父亲是光绪年间进士，与李鸿章同科及第，且是至交，李家亦是靠着经营盐业才发家致富的，而盐业历来都是官营，盐商与政府间也总是有千丝万缕的联系，因此李叔同看到清王朝日落西山，不免要有些伤怀。但如果以此为李叔同出入章台、寻花问柳做解脱，则无必要。少年公子，家资巨万，又是在上海这样的繁华之地，若是他竟然完全地洁身自好，那倒是一件让人惊异的事呢！何况若未曾入世，又怎能出世？若没有当年的纸醉金迷，又怎么会有后来的古佛青灯？

如此说来，如果杨翠喜在那几年曾到过上海演出，则李叔同特意前去捧场，甚而不惜重金与她共度春宵都是有可能的。李叔同风流倜傥，杨翠喜娇羞而善解人意，李叔同大约对她一见倾心，否则后来忆起她时，又怎么会说“痴魂销一捻，愿化穿花蝶。帘外隔花阴，朝朝香梦沉”呢？但杨翠喜对他究竟如何，却不得而知。她外表虽然纯真，但愈是纯真之人，却也愈容易被社会所玷污，大约因为纯真则无机心，易受环境的影响，而她周围又尽是声色犬马之徒，追逐她的不是纨绔子弟，就是富贵权豪。即便她当时曾与李叔同海誓山盟，到后来总也要忘却的吧。即便不忘却，让李叔同像段芝贵那样，拿出一万二千金（这钱大约也是盐商王益孙出的）把杨翠喜赎出来，李叔同大约也是做不到的，所以也只能作两首词，稍稍抒解一下相思之情罢了。

1906 年李叔同已到日本去留学了，但杨翠喜与载振这桩公案闹到如此沸反盈天，李叔同即便是在日本，必定也会有所耳闻，那时的他不知是何等样的心情。不过他在母亲去世后，却是下定了决心要抛弃以前虽不能说是淫靡，但也可称得上是风流的生活的，或许当他得知杨翠喜的事情时，也能淡然处之吧！

但杨翠喜会不会想起当年的李叔同呢？李叔同这两首《菩萨蛮》写出来后，应当会传入她的耳中，但她出身本低贱，没读过什么书，大约是不会被区区两首词打动的。当她作为段芝贵的如夫人时就更不用说了，那时她在北京做上流社会里的弄潮儿，是袁世凯最宠爱的小妾的闺蜜，又怎么会想起李叔同呢？但当她最后被抛弃时，又或者重新上了天津的戏台时，又或者做了又老又猥琐的盐商王益孙的小妾时，大约会忆起当年戴着嵌白玉丝绒碗帽，穿着曲襟背心、花缎袍子，眉眼长长、风流蕴藉的李叔同吧？

燕支山上的花年年如雪，燕支山下的人，却未必仍然如月那般皎洁了。

不知青帝心何忍， 任尔飘零到处飞

1900 年庚子之乱，八国联军入京，慈禧和光绪仓皇逃往西安，京津一带乱成一团。李叔同担心天津哥哥一家的情况，坐立不安，到 1901 年的春天，终于下定决心，携妻母返回天津。这一次北上的心情与他当年南下上海时可以说是截然相反，当年是意气风发、前程似锦，如今则国破家亦散，前途迷茫。李叔同回到天津之后，并没有找到哥哥——他们一家已经到河南避难去了，他在旅馆中住了一个月，只好又乘船回上海去。这一次的北上，他写出了一组题为《北征泪墨》的诗，其中《登轮感赋》一首云：

感慨沧桑变，天边极目时。
晚帆轻似箭，落日大如箕。
风卷旌旗走，野平车马驰。
河山悲故国，不禁泪双垂。

1901 年，李叔同考入了南洋公学经济特科。南洋公学是交通大学的前身，于 1896 年由盛宣怀上书申办，光绪批准创办，是上海当时最重要的新学教育机构之一。1901 年南洋公学开设特班，招二十余名能写古文的学生，李叔同奉母命，以李广平之名报考，以第十二名的成绩考入，并于 1902 年入校读书，教授是大名鼎鼎的蔡元培。李叔同的民权意识和日文，都是在南洋公学得到启蒙的。但李叔同在南洋公学并没有待多久，1902 年的农历十月，学生们因为当时的校长汪凤藻执意要开除与陈腐保守的汉文教习郭镇瀛有矛盾的学生，决议全校退学抗议，李叔同也在退学之列。

李叔同与上海的名妓李苹香的交往，大约始于 1902 年，李苹香曾作六首绝句，录于纸扇之上，向李叔同求教：

潮落江村客棹稀，红桃吹满钓鱼矶。
不知青帝心何忍，任尔飘零到处飞。

风送残红到碧溪，呢喃燕语画梁西。
流莺也惜春归早，深坐浓荫不住啼。

春归花落渺难寻，万树浓荫对月吟。
堪叹浮生如一梦，典衣沽酒卧深林。

满庭疑雨又轻烟，柳暗莺娇蝶欲眠。
一枕黑甜鸡唱午，养花时节困人天。

绣丝竟与画图争，转讶天生画不成。
何奈背人春又去，停针无语悄含情。

凌波微步绿杨堤，浅碧沙明路欲迷。
吟遍美人芳草句，归来采取伴香闺。

李叔同以四首绝句答之：

子女平分二十周，那堪更作狎邪游。
只因第一伤心事，红粉英雄不自由。

沧海狂澜聒地流，新声怕听四弦秋。
何如十里章台路，只有花枝不解愁。

最高楼上月初斜，惨绿愁红掩映遮。
我欲当筵拼一哭，那堪重听《后庭花》？

残山剩水说南朝，黄浦东风夜卷潮。

《河满》一声惊掩面，可怜肠断玉人箫。

李苹香的七绝不脱闺怨的路数，从第一首的“不知青帝心何忍，任尔飘零到处飞”来看，她或者有向李叔同乞爱之意，但欢场女子的言语，也不能太当真。李叔同当时却似乎并没有拈花惹草之意，除了第一首算是回答了李苹香之外，后面三首反倒是把李苹香当作一个同性的诗友了，直抒胸臆，字里行间饱含家国之思，哪里有像《菩萨蛮·忆杨翠喜》中“痴魂销一捻，愿化穿花蝶。帘外隔花阴，朝朝香梦沉”这样香艳的句子呢？李苹香自然也知道了李叔同的意思，正好章士钊那一段时间也到上海来了，李苹香便把从欢场解脱的希望都寄托到了章士钊身上。

章士钊比李叔同小一岁，他之前听闻冒鹤亭等人在李苹香的天韵阁雅集，就已对李苹香十分爱慕，因为陈子方的诗中有“峰山竟有孤生桐”的句子，他便把自己的笔名由“秋桐”改为“孤桐”，自比侯方域，要救美人于水火之中。章士钊到上海来倒不是为了李苹香，他当时与黄兴共创“华兴会”，已是革命党人，到上海来是为了商讨起义的事，没有想到竟被逮捕，幸亏审讯之后就将他无罪释放了。李苹香听闻章士钊被捕，就在他出狱之后将之迎入天韵阁中。章士钊刚从监狱里出来，就落入胭脂帐里，又有自己钟情已久的美人投怀送抱，欢喜得无法形容。他对李苹香也是万般爱恋，特意化名“铄镂十一郎”，为李苹香作传略一本，并请李叔同来写序。李叔同当仁不让，以“惜霜”的笔名写了一序，大力鼓吹乐籍兴国的理论："故考其文明之程度，观于乐籍可知也。时乎文化惨淡，民智呰窳，虽有乐籍，其势力弱，其进步迟。……若文明发达之国，乐籍棋布，殆遍都邑。杂裙垂髫，目宛心与，游其间者，精神豁爽，体力活泼，开思想之灵窍，辟脑丝之智府。""呰窳"音"紫鱼"，懒惰、贫弱之意。此文可以说是我国少有的为性工作者鼓吹呐喊的文章之一。

章士钊虽然有救李苹香之心，却没有救李苹香之力，最后还是离开了上海，并于1909年与吴弱南在英国结为伴侣。不过他对李苹香却一直念念不忘，直到20世纪50年代，他已经七十多岁时，仍作《虞美人》一首怀念李苹香，词云：

> 芙蓉不逐东风去，还认秋来路。似能结识过来人，往日金刚坡上意相亲。
>
> 侯生曾被香君误，闲却寻花侣。可怜抵死忆吴门，除了观音八面不成春。

"可怜抵死忆吴门，除了观音八面不成春"。章士钊对李苹香的爱是刻骨铭心的，虽然他当时没有能够效仿侯方域，与李香君结为伴侣，但他对李苹香，却至死都无法忘怀。

当时的李叔同，虽然仍不时与同好们一起做狭邪之游，但似乎真正曾经让他动过心的也只有杨翠喜一人而已。

李苹香虽然既没有与章士钊结成伴侣，也没有得到李叔同的爱，但仍然算是幸运的了。1904年，她得吴芝瑛之助脱离卖笑生涯，改名谢文漪，开书画室，以卖字画为生。

吴芝瑛亦是清末的奇女子，她是秋瑾的好友，秋瑾被害之后，她不仅撰文纪念秋瑾，并且不惜触怒清政府，冒险将秋瑾葬于杭州。1904 年吴芝瑛与丈夫廉泉一起来到上海，结识了李苹香，为李苹香的诗才所感，决心将李苹香赎出，但家中却没有这笔余资，她为此不惜拿出家藏的至宝——明董其昌手书《史记》一本，标价数千金出售，终于把李苹香赎了出来。

说相思， 刻骨双红豆

1918 年 4 月的一天，李叔同剪下了自己的胡须，他将这绺胡须和一百余块大洋一起交给了上海城东女学校长杨白民，请他在自己披剃之后，转交给自己的妻子——不是俞氏，而是上海的日籍夫人。

身体发肤，皆为父母所赐，因此中国人对自己的头发指甲格外重视，不轻易与人，除非这个人是自己的至亲至爱。李叔同在出家之前，用这种最郑重也是最诚挚的方式，最后一次表达了自己的爱意，从此天各一方，与其相濡以沫，不如相忘于江湖。

让我们回到 1905 年的农历二月，春寒料峭，李叔同的母亲不幸病逝于上海城南草堂，李叔同扶棺回津，办完母亲的丧事以后，他更名李哀，字哀公，把妻子俞氏和两个儿子都留在了天津，独自东渡日本求学去了。

他是抱着艺术救国的愿望留学东洋的，临行之前，他作《金缕曲》一首，“留别祖国并呈同学诸子”：

> 披发佯狂走，莽中原，暮鸦啼彻，几枝衰柳。破碎河山谁收拾，零落西风依旧。便惹得离人消瘦。行矣临流重

太息，说相思，刻骨双红豆。愁黯黯，浓于酒。

漾情不断淞波溜。恨年来絮飘萍泊，遮难回首。二十文章惊海内，毕竟空谈何有？听匣底苍龙狂吼。长夜凄风眠不得，度群生那惜心肝剖？是祖国，忍孤负！

到了日本之后，李叔同先是进修了一段时间的日文，1906 年的 10 月，进入东京美术学校西画科，师从当时日本鼎鼎有名的画家黑田清辉、中村胜治郎、长源孝太郎等人，学习油画和水彩。

大约也就是在这时候，李叔同认识了他的日籍夫人福基。

关于这位夫人的资料，我们所知甚少，甚至连她的名字也不能确知，有些关于李叔同的书虚构出了这位夫人的名字，比如雪子、诚子、千枝子、叶子等等，虽然这些名字都很美好，让人联想到日本女子的温柔多情，但其实都没有什么依据。有人据李叔同 1916 年写的《断食日志》，其中有“是晚感谢神恩，誓必皈依，致福基书”和“因寒不敢起床。十一时福基遣人送棉衣来，乃披衣起”的句子，推断这位日籍夫人的名字可能叫福基，这个名字听起来虽然很土气，但这推断却似乎是可以成立的。

据说福基最早是李叔同请来的裸体模特，李叔同在东京美术学校学画画，必须要有裸体的人体画才能毕业，因此便请来了福基做自己的模特，后来日久生情，便娶了福基为妻；但这也并没有确实的依据，唯一可以作旁证的，是李叔同回国之后，带了不少的女性裸体画回来，而且据称这些画都是以自己的日籍夫人为模特画的。李叔同初回国时，在天津工作过一段时间，当时就住在粮店后街的家里，据李叔同次子李端的回忆，李叔同还把一幅自己画的以裸体日本女人为模特的油画挂在了意园洋书房的墙上，让亲友们很惊奇。

当时的日本女性，正以嫁给中国的留学生为荣，之所以会有这样的风潮，是因为一般留学东洋的中国人，家庭都很富裕，而且又都年轻有文化，前途很远大，即便偶有家中不宽裕的，也因为官费的充裕，而得以在日本过得很舒服。根据考证，当时在日本留学，一年所需费用，最低的只需二百余元，而一般的官费留学生，清政府每年所给的费用，都在四百五十元到五百五十元之间，因此据说一个官费留学生在日本不仅可以养一个夫人，还可以养一个孩子，如果节约一些的话，确实可以做到。

福基究竟如何与李叔同相识的，已不可考，电影《一轮明月》里似乎说他们是在画展中相识的，不知依据何在。福基的家庭情况似乎不太好，李叔同 1918 年出家时，还说福基有技术——她本学医，回日本后也可以靠这个养活自己。这么说来，说福基曾经做过李叔同的模特，也是很有可能的。

据说福基还信天理教，带动得李叔同也信了一段时间。天理教是当时日本流行的宗教神道之一派，信徒有二百多万人，教民多为农民、商人、职员、妇女等中下层群众，从这一点来判断，估计当时福基的家境确实也很一般。

李叔同似乎很讨厌福基的母亲，有这么一件旧事，说有一天福基的母亲来看女儿，临走时突然下雨了，福基的母亲想借一把雨伞回去，但是李叔同却不答应，他对岳母说：“当初你女儿嫁给我的时候，并没有说过将来丈母娘要借雨伞的。”这件事单独地看起来，似乎是特别地见出李叔同性格的古怪，但我却怀疑福基的母亲或许是一个特别爱占小便宜的日本底层妇女，当初福基嫁给李叔同的时候，只怕已经敲了李叔同不少的竹杠，所以李叔同才会这样讨厌她，故意地拿一把雨伞来刁难。

李家在生意上的彻底破产，发生在李叔同留学日本期间。早在1902年，河南的内黄引地是早已出让了，出让的原因，是因为庚子之乱后，清政府为应对财政危机，加强了对盐商的控制，原来的盐业经营是先引后课，庚子后改为先课后引，即税款交齐后才能领到引条，盐商要把生意维持下去，就必须拿出比原来多得多的资金才行，因此李文熙就把内黄引地出让，放弃了李家的盐商身份，只经营银钱业。到1903年，因为银根短缺，天津的钱商——其中也包括李家的桐达号——所铸银锭纯度下降，引起银色风潮，虽然后来钱商们具结画押，保证此后银锭的纯度不会有假，但桐达号维持到1911年也歇业了。而李家的破败，早在1909年就开始了，源丰润票号炒股失败倒闭，李家损失数十万，到1911年的春天，义善源票号也倒了，李家再损失数十万，并且从此每况愈下，再也没有恢复过来。

但李叔同对此似乎并不在意，从未对同学或朋友们提及，或者也是因为维持李叔同一年数百元的开销，对李家来说还不是问题，也可能是因为李叔同留学日本用的是官费，因此并未受破产的影响。但如果福基的母亲如我们前面所推测的那样是一个爱占小便宜的底层妇女，那么听到李家破产的消息后，难免要有一些怨言吧，甚至还有可能要嘲讽几句，那么李叔同的故意刁难，也就是正常的了。

但福基对李叔同的感情却并没有因为李家的破产而改变，1910年李叔同学成返国，便把福基也带了回来。他们乘着一条邮船，由神户出发前往上海，行李中还有一架钢琴。不过李叔同并没有把福基带回天津去，而是在上海为福基安了一个家，自己则回到天津去工作了，假期时才到上海去与福基相聚。当时李叔同是在天津高等工业学堂任图案教员，不久又到直隶模范工业学堂任国画教员。

李叔同为什么没有把福基带回天津去，如今已难以猜测其中的原因，或许只是因为不想让福基和俞氏相互面对省却其中的麻烦和矛盾吧。李叔同在天津待得不久，1912 年的春天他就离开了天津，到上海的城东女学去教授文学和音乐去了，校长就是他的好友杨白民。

李叔同在上海的家虽然并不豪华，但却布置得很雅致，很温馨，是在海伦路租的房子，一楼一底，靠墙有一排书架，进门右角还有一个可以旋转的方形两层书架，书架上陶质的圆盆里种着松竹梅，盆内的泥上铺着一层白石。

李叔同到上海后，除了在城东女学教书，也负责编辑上海的《太平洋报》的广告和文艺副刊，《太平洋报》经营的时间不长，该年春天创刊，到了秋天就停刊了。李叔同又应浙江两级师范学校的聘请，到杭州去任图画手工专修科的图画教员及全校音乐教员。李叔同到杭州没有带上福基，福基被留在海伦路家中，并托杨白民照看。他自己每个周末都要回上海去与福基相聚。当时上海杭州间已通铁路，但速度不快，每小时大约六十公里，沪杭两地之间来回，估计在路上的时间就要将近十二小时。

到 1915 年，李叔同又应南京高等师范学校的聘请，兼任该校的图画和音乐教员。李叔同之所以兼任此职，除了因为好友夏丏尊的挽留，无法离开浙江两级师范学校之外，大约也有要补贴家用的意思。他曾经向友人抱怨像他这样正经搞艺术的人挣不到多少钱，反倒是那些画低俗商业画的人，挣的钱要多得多。李叔同有两个家庭，一个在天津，一个在上海，又有两个孩子，这些人全都要靠他一个人工作挣到的钱来生活，虽然做教员的薪水不菲，但如果不兼职的话，或许也有入不敷出之虞。

1918 年的 4 月，李叔同预支了三个月的工资，分成三份，一份连同自己剪下的胡须一起，托杨白民交给了福基；一份寄给北平内务部，以交纳脱俗籍入僧籍所需的印花税和手续费；还有一份，留在自己身边，作为受戒时的斋饭费用。或许是考虑到俞氏和两个儿子在天津有大哥可以依靠，他没有寄钱到天津去。

李叔同出家，是在 1918 年的 8 月 19 日，农历的七月十三。李叔同出家前并未告知俞氏，但却与福基商量过，福基自然不同意。她尤其不能理解的是为什么李叔同出家之后就不能有妻子了，因为日本的和尚即使出家也一样可以结婚生子。李叔同受戒是在杭州的灵隐寺，福基得知消息后从上海到杭州去，到灵隐寺里去找李叔同，试图劝阻他出家，又或者出家而仍然与她做夫妻。但李叔同出家的心意已决，不愿再与福基见面，福基在灵隐寺里哭了十几天，终于还是走了。

福基到杭州去找弘一并不是只有一次，据杨白民的女儿杨雪玖所说，福基曾经央求杨白民带她到杭州去找弘一，到了杭州之后，杨白民独自到灵隐去见弘一，提出跟福基见一面。弘一看推辞不掉，就跟福基在旅馆里见了一面，并赠福基手表一只作留念，又对福基说："你有技术，回日本去不会失业。"然后就乘船离去了，头都不回一下。福基在岸上痛哭，最后也只能与杨白民一起回了上海，后来就回日本了。

宽愿法师是李叔同出家后所收的徒弟，他曾谈起一件旧事，说有一天弘一带他到杭州大东门一家面馆去吃面，说那家面馆的面味道特别好，而且老板与他相熟，会特别地加料。宽愿就和弘一一起去了，到了面馆坐下后，却只见到老板娘出来，弘一就问老板为什么不在，老板娘说老板已经去世了。老板娘看到弘一和宽愿是僧人，就问他们是否认得一个和尚，俗家是姓李的，原来在杭州两级师范学校教画画，师母是一位贤惠的日本女子，夫妻感情很好，后来这位先生突然跑去当了和尚，丢下日本妻子不管，这位师母整天哭丧着脸，饭都吃不下，也不听人劝，最后只能孤苦伶仃地回日本去了。弘一听了老板娘的话后，并没有什么反应，只是淡淡地说："哦！你说的那位和尚，我认识，但不知他现在到哪里去了。"弘一和宽愿吃完面之后就付钱离开了，宽愿默默地跟在弘一的后面，也不知道师父心里究竟在想些什么。

也有人说福基到杭州去找弘一时带着幼子，但李叔同的后人并没有确认这一点，而且也没有旁证可以证明。即便福基与李叔同果真育有一子，也必定已经被福基带到日本去了，或者已取了一个日本人的名字，开始新的生活。不知福基会不会跟他提起他有一个中国父亲，这个父亲曾经是一位风流倜傥的世家公子、一位意气风发的留学生、一位温而厉的老师，最后还是一位律己极严的律宗的高僧。

无论如何，对李叔同而言，福基才是他真正爱着的妻子，他们曾经在一起幸福地生活了将近十年，抛下妻子出家去，对李叔同而言，必定也是一件让他挣扎很久才能决定下来的事情。

袖衣且上傍禅关

1916年的10月8日，这一天是寒露，李叔同在一幅陈师曾画的荷花小幅上题道："师曾画荷花，昔藏余家，癸丑（民国二年，1913年）之秋，以贻听泉先生同学，今再展玩，为缀小词。时余将入山坐禅，'慧业'云云，以美荷花，亦以是自劭也。"

其词云：

一花一叶，孤芳致洁。昏波不染，成就慧业。

陈师曾是陈寅恪的哥哥，当时任北京高等师范学校手工图画专修科国画教员，与夏丏尊是好友，亦曾为夏画《小梅花屋图》。

李叔同的题词里，题到"慧业"云云，又说自己"将入山坐禅"，似乎当时他已信仰佛教，但"慧业"一词，他已说是用来形容荷花的。荷花在佛教里有特殊意义，用"慧业"来形容荷花，本属正常。"坐禅"是佛家语，但据李叔同后来写的《断食日志》，这里说"坐禅"亦当是借语，当时李叔同要坐的"禅"，并不是佛家的禅，而应该是日本天理教的"禅"。

天理教的事情在前面叙述李叔同的日籍夫人事时已有介绍。该教是日本宗教神道（今称新兴宗教）之一派，教祖名中山美伎（1798—1887），原籍奈良县那边朝和村三昧田，其父名前川半七。中山美伎是前川半七的长女，成年后嫁给庄屋敷村的中山美卫兵为妻。1838年10月23日，中山美伎在为她患病的长子祈福时，自称"真神"降临。"真神"要中山美伎做神的喉舌，施咒术救世，治病助产，传播"天理王命"。"天理王命"是天理教中的十位神的总名，这十位神亦称"父母神"，世界为父母神所创造，教民必须感谢神恩，愉快劳动，互敬互助，消除恶业。

天理教以降“神”之日为该教的创教日。主要经典有《御神乐歌》《御笔先》和《御指图》，总部设于奈良天理市，只有继承了教祖血统的所谓“真柱”才能担任领导人。

李叔同信仰天理教应始于留学日本之时。从天理教的历史和教义来看，其性质类似于萨满教，还是比较原始的宗教，因此李叔同在体验到了安静平和的寺院生活并接触了更多的佛教经典之后，就果断地放弃了天理教，皈依佛祖了。

李叔同之体验到寺院生活，是因为断食。

其缘起，是夏丏尊在一本日本杂志上读到一篇文章，是介绍断食的，说断食可以更新身心的修养，更可治病，而李叔同正好身体不好，有些神经衰弱，因此就在 1916 年的冬天放寒假的时候到杭州的虎跑寺断食去了。

虎跑寺位于杭州西南的大慈山上，名为大慈定慧禅寺，始建于唐代，“虎跑寺”是它的俗称。之所以有这个俗称，是因为传说唐朝时性空大师来到大慈山后，觉得大慈山有灵气，想留下修行，但苦于山上无水，无奈之下，只能选择离开。就在性空大师想离开的时候，梦到神人对他说：“师父不用担心没有水，南岳有童子泉，我会派两只老虎驱水过来。”第二天，果然看到有两只老虎在山中跑跳，所过之处有泉水涌出，清香甘冽。性空大师便留了下来，建起了虎跑寺。

李叔同到虎跑寺去断食，是因为西泠印社的叶品三的建议。李叔同是西泠印社的成员，与叶品三相熟。叶品三将虎跑寺的大护法丁辅之介绍给李叔同，丁辅之将李叔同断食事跟虎跑寺的和尚说了，李叔同才得以到虎跑寺去断食的。

断食要经历三个星期，李叔同住在方丈楼下的一间屋子里。屋子朝南，李叔同住了外间，里面的小间，由负责照料李叔同生活的校工闻玉居住。

李叔同信命理之学，1916 年是丙辰年，这年的春天，有算命先生断定他今年有大灾必死，因此他刻一方“丙辰息翁归寂之年”印，这一年的书法作品中常常钤用。他选择在丙辰年的冬天断食，大约也有消灾求新生的意思，在断食之后，这方印就不再使用了。

断食分三个阶段，第一个阶段由 12 月 1 日至 7 日，逐渐减少食量直至完全不吃东西，第二阶段由 12 月 8 日至 17 日，完全断食，第三阶段由 12 月 18 日至 24 日，逐渐恢复饮食。12 月 25 日返校，并照常饮食。12 月 28 日回上海去见福基。

李叔同断食似乎起到了一些效果，他的神经衰弱症有所减轻。他以前不太能吃肉，断食后也能吃大块的肉了。

但他的身体实际上并没有因为这一次断食就完全改观，后来还常常咯血（他在日本留学时曾得过肺结核），神经衰弱症也有复发。但这次断食却是李叔同出家的直接缘起，因为他在虎跑寺住的这段时间里，喜欢上了寺院的生活。在《我在西湖出家的经过》一文中，李叔同说：“我虽然在那边只住了半个多月，但心里头却十分愉快，而且对于他们所吃的菜蔬，更是喜欢吃。及回到了学校以后，我就请佣人依照他们那种样的菜煮来吃。”

但当时李叔同还没有信仰佛教，他回到学校之后，平常看的书多是宋元人的理学书和道家的书，案头常常放着《道藏》，并且还用老子“能婴儿乎”之意，更名为“李婴”。因为他觉得自己经过断食之后已脱胎换骨，回到了生命之初，又像婴儿一般纯净了。

引起他对佛学兴趣的是马一浮。1917 年，李叔同在写给他的学生刘质平的信中提到“自去腊受马一浮大士之熏陶，渐有所悟。世味日淡，职务多荒”。马一浮，名浮，字一浮，号湛翁，与梁漱溟、熊十力合称“现代儒家三圣”。马一浮虽比李叔同小三岁，但读书极多，十分渊博。李叔同极推崇马一浮，他曾说马一浮是生而知者，如果有一个人生下来就读书，每天读两本，而且还过目不忘，读到马一浮的年纪，所读的书也不比马一浮多。苏曼殊亦曾说“杭州马一浮无书不读，听其细谈，令人忘机”。

李叔同断食后去马一浮寓所拜访，提起断食的事情，并说虎跑寺的环境十分幽静，僧人的照顾也很细心，马一浮听了之后，就把自己的朋友彭逊之介绍到虎跑寺去住。彭逊之住到虎跑寺之后，居然发心出家了，法名安忍，别署亚东破佛。李叔同听说了之后，大为钦羡，也拜了悟法师为师，皈依佛门，法名演音，号弘一。

寒假回校之后李叔同就发心念佛了，室内供了佛像，礼佛茹斋，天天念佛经，挂念珠，俨然已经是一位虔诚的佛教徒。

李叔同的皈依是在 1918 年的 2 月 25 日，农历正月十五。他原本的计划是在暑假之后辞职，秋初入山，到 1919 年剃度。他开始把自己的东西分赠给学生和好友，又预支了三个月的薪水，一份给福基，一份寄北平内务部作为出家的费用，还有一份留在自己身边。到了暑假，他就整理了一些随身的行李，到虎跑寺去居住了。

送李叔同去虎跑寺的是校工闻玉。闻玉一直以来都在照顾李叔同的生活，不过他对李叔同要出家的事情似乎并不是很了解。那天清晨，他挑着两件李叔同的行李，和李叔同一起出了学校，出涌金门，经净慈寺，到距离虎跑寺仅有半里路的地方，李叔同突然停住了脚步，从行李中取出袈裟穿上，又穿上草鞋，闻玉很惊讶，问：“李先生，你做什么?”李叔同却回答道：“不是李先生，你看错了。”说罢就自己背上行李，快步跑进虎跑寺去了。闻玉在后面一边喊一边紧跟着跑进去。进了虎跑寺之后，李叔同就以一个僧人自居，称闻玉为居士，请闻玉坐，给闻玉奉茶，自己打扫陋室，不让闻玉帮忙，还自己扛来床板架床。闻玉知道没有办法了，等到晚上，只能痛哭而去。

夏丏尊知道李叔同要辞了教职到虎跑寺去做居士，百般劝告无效，很激愤，对李叔同说：“这样做居士究竟不彻底。索性做了和尚，倒爽快!”这本来只是气话，但李叔同听了之后，觉得有道理，就改了主意，不在寺里做居士了。到了1918年的农历七月十三，正好是大势至菩萨的圣诞，是一个好日子，李叔同就在这一天落了发。到了这一年的10月17日，又在灵隐寺由慧明法师开堂，受了具足戒，法名演音，号弘一，这便是一个名正言顺的和尚了。从此之后，没有了李叔同，只有和尚弘一。

关于李叔同出家的原因，可以说是众说纷纭，甚至有香港的小报，说李叔同是因为日籍妻子红杏出墙才出的家，这自然是无稽之谈。又有人以为李叔同出家是因为在生活中和工作中遇到挫折，因此出家以避世。但佛教本非避世之宗教，1922年，弘一作书寄俗侄李圣章云：“戊午二月，发愿入山剃染，修习佛法，普利含识。”1938年10月，弘一在晋江讲经，其中的《佛法十疑略释》之第五条“佛法非厌世”说：“学佛法者，固不应迷恋尘世以贪求荣华富贵，但亦决非是冷淡之厌世者。因学佛法之人皆须发大菩提心，以一般人之苦乐为苦乐，抱热心救世之弘愿。不唯非消极，乃是积极中之积极者。”

目前最权威的解释，似乎应该是李叔同的学生、著名的漫画家丰子恺的说法，即“三层楼说”。丰子恺以为人的生活可以分为三层：一是物质生活，二是精神生活，三是灵魂生活。物质生活就是衣食，精神生活就是学术文艺，灵魂生活就是宗教。有些人留在第一层，把物质生活弄得很好，就满足了。有些人爬到了第二层，专心于学术和文艺，这样的人就是所谓的“知识分子”“学者”和“艺术家”。还有一种人，到了第二层还是不满足，要往更高的一层上去，这些人就是宗教徒。他们不肯做本能的奴隶，要追究灵魂的来源、宇宙的根本。

丰子恺的说法看似有一定的道理，但却不免教条僵硬，他自己是佛教徒，又是知识分子、艺术家，因此把对物质的追求放到了最低的层次，把对学术艺术的追求看得较高，又把对灵魂的探寻看成人生最高的境界，且不说高低之论是否有道理，把这三层追求隔绝开来也是很错误的看法。对灵魂的追求与对物质和艺术学术的追求之间，并非一定有矛盾，又或者竟可以相辅相成。李叔同当时之出家，绝没有丰子恺所说的那么多的想法，最外在的原因，自然是他欢喜也习惯于寺院的生活和饮食，内在的原因，则是他接触了更多的佛理之后，为佛教的精微渊深所吸引，并由此而产生了信仰，以为佛教可以救人救世。以李叔同的一贯认真做事的性格，自然最终走到出家这条路上。而且还不止于此，出家之后，更又选择了一条最难的修行之路，要复兴久已衰微的律宗。

李叔同出家前，将自己收藏的自刻及友人所作的印章，全都交与西泠印社，印社在放鹤亭下孤山的石壁上凿龛封藏。叶舟题“印藏”二大字，并刻有题记：“同社李叔同将祝发入山，出其印章移储社中。同人用昔人‘诗冢’‘书藏’遗意，凿壁庋藏，庶与湖山并永云尔。戊午夏，叶舟识。”

同事姜丹书母亲去世，请李叔同书墓志铭，李叔同因为此事令其思念亡母，因此一直没有动笔，出家前一晚，李叔同点起一副红烛，磨墨提笔，五百四十九字一气呵成，写罢折笔掷于书案之上。这也是李叔同在俗家的最后一件书法作品。

1918 年，李叔同致信他的母校东京美术学校：

拜启：

仲夏绿荫，惟校友诸君动静安豫为颂。不慧近有所感，定于7 月1 日入杭州大慈山定慧寺（俗名虎跑寺）为沙弥。寺为临济宗，但不慧所修者净土。以末法众生障重，非专一念佛，恐难有所成就也。寺在深山之中，邮便不通。今后通信处在杭州第一师范学校内李增荣转，草草

校友会诸君博鉴

李岸，法名演音，号弘一

6 月25 日

姜丹书说，曾有友人问李叔同出家“何所为”，李叔同答：“无所为。”

友人又问：“君固多情者，忍抛骨肉耶?”

李叔同答：“人事无常，譬患虎疫死焉，欲不抛又安可得?”

“虎疫”，“虎列拉”病的简称，霍乱的旧称。

印光法师

李叔同的披剃，是在1918年的农历七月十三日，地点是大慈山虎跑寺，到这一年的9月，李叔同就到灵隐寺去受了具足戒，为李叔同开堂传戒的，是慧明法师。

慧明法师也是一位高僧。他身材矮小，只有五尺来高，皮肤呈古铜色，两个颧骨高耸着，说话声如洪钟。据说他在大殿上说法的时候，说话的声音能震得殿上的铜钟“嗡嗡”作响。弘一在《我在西湖出家的经过》一文中，提起过慧明法师的几件轶事，其中最为人津津乐道的，是慧明法师把裤子送给“马溜子”的故事。“马溜子”是杭州的方言，就是流氓的意思。杭州的马溜子很多，这些马溜子一旦听到某处寺院有人打斋，就会蜂拥而来赶着吃白饭，因此很惹人讨厌。但是慧明法师从来不厌弃他们，待他们很客气，布施他们种种的饭食衣服，要什么就给什么。慧明法师因为腿不好，平常出去都是坐轿子的居多，有一回从外面坐轿回来，下了轿后，旁人看到他没有穿裤子，觉得很奇怪，就问道：“法师为什么不穿裤子?”他说他在外面碰到马溜子了，马溜子向他要裤子，所以就把裤子脱了给他。

灵隐寺由子孙派系寺庙改十方丛林时，要推举第一任的住持，大家都觉得慧明法师德高望重，要请他来当住持，但慧明不同意，大家没有办法。过了半年后，想出一个办法，假装说是请慧明法师到灵隐寺去吃斋，却预先备齐仪仗，待慧明法师行到山门前时，就强把他抬入寺庙里去，要他做住持。慧明法师先是转身就跑，见跑不掉，终究是被追上了，就大哭起来，说自己不是当住持的料，而且无德无能，不能领众，要大家另选贤能。众人哪里答应，终究是逼着他做了灵隐寺的住持。

慧明法师虽然做了住持，但生活却与一般的和尚没有两样，甚至还要更勤朴，他不吃私菜，和大众同餐，卧室中除了木板床之外，只有一张条桌，桌上也只是一茶壶一茶杯而已。慧明法师虽然是灵隐寺的住持，却不改本色，不仅平易近人，更常常与菜头、园头一起种菜、浇地、浇粪。1938 年蒋介石下野后，到灵隐寺去拜访慧明法师，知客僧遍觅慧明法师而不得，后来终于在菜园里找到了他，只见他正穿着短衣破衲，手持粪瓢，在那里浇菜呢。

慧明法师虽是高僧，而且为弘一法师开堂传了具足戒，但弘一法师在佛法上的传承，却不是从慧明法师来的。慧明法师修的是禅宗，而弘一法师却是“教宗《华严》，行在净土，以弘律为己任”，与禅宗并没有关系。

弘一最推崇的，是印光法师。

两位法师的第一次的结缘，是在 1919 年《印光法师文钞》刊行的时候。

1918 年春，当时极有名的居士徐蔚如刻印流通《印光法师文钞》，在佛教界引起巨大反响。到 1919 年秋天，徐蔚如又刻印《印光法师文钞续编》，将 1918 年的《印光法师文钞》称为初编。这一年的冬天，徐蔚如的母亲去世，他回到上海去办丧事，南方的很多朋友向他索取《印光法师文钞》，他与朋友商议之后，索性在商务印书馆出铅印版，把初编和续编合在一起刊行。编辑时广求名人的题词，弘一法师也收到了请求。弘一法师看了《印光法师文钞》后，大为折服，于是便欣然题词道：

是阿伽陀，以疗群疚。契理契机，十方宏覆。

普愿见闻，欢喜信受。联华萼于西池，等无量之光寿。

其下还有小叙，称印光法师的文章“如日月历天，普烛群品”，对印光法师可以说是推崇备至。

这是两位法师第一次结缘，后来他们就常常通信。1920 年的农历六月，弘一法师要到富阳新城（今新登）贝山去闭关，闭关之前，给印光法师去信请教，印光法师回信，向弘一法师开示了闭关用功的注意事项和原则，其中有云：“所谓明镜当台，遇形斯映，纭纭自彼，于我何涉。”叮嘱弘一法师一定要用心专一，不可急切躁进。

弘一法师在去新城之前，就已经请马一浮为自己闭关的关房题写“旭光室”的匾额，表达自己远宗蕅益大师（明代四大高僧之一，名智旭）、近宗印光大师的志向。

在闭关期间，弘一法师又去信向印光法师请教刺血写经事，表达了自己想刺血写经的意愿，印光法师回信开示道：“入道多门，唯人志趣，了无一定之法。其一定者，曰诚，曰恭敬。”印光法师在信中详细说明了刺血写经的方法和注意事项，同时又提醒注意身体，“恐血亏身弱，难为进趣”，弘一法师得信后，放弃了刺血写经的想法。在这封信中，印光法师还提醒弘一法师写经要用正体，“如进士写策，一笔不容苟简”，弘一法师得信后，按照印光法师的要求，调整了写经的字体，而这也是他后来书法作品风格转变的契机。

弘一法师得印光法师的教诲良多，就想拜印光法师为师，但印光法师出家时就立下了“不收徒从、不做住持、不做讲师”的誓言，拒绝了弘一法师的请求。弘一法师反复恳请，并在阿弥陀佛诞辰之日，在佛前燃臂香乞求三宝慈力加被，印光法师最后还是同意了。得印光法师教诲的出家弟子很多，但有师徒名分的，也就弘一法师一人而已。

1924 年的农历五月，弘一法师离开当时的驻锡之地温州庆福寺，到普陀山法雨寺去拜见印光法师。弘一法师在印光法师的身边住了整整七天，受益良多。1941 年，弘一法师在福建泉州回忆印光法师的盛德，他说道：“余至普陀山，居七日，每日自晨至夕，皆在师房内观察师一切行为。师每日晨食仅粥一大碗，无菜。师自云：‘初至普陀时，晨食有咸菜，因北方人吃不惯，故改为仅食白粥，已三十余年矣。’食毕，以舌舐碗，至极净为止。复以开水注入碗中，涤荡其余汁，即以之漱口，旋即咽下。惟恐轻弃残余之饭粒也。至午食时，饭一碗，大众菜一碗。师食之，饭菜皆尽。先以舌舐碗，又注入开水涤荡以漱口，与晨食无异。师自行如是，而劝人亦极严厉。见有客人食后，碗内剩饭粒者，必大呵曰：‘汝有多么大的福气？竟如此糟蹋！’”

再一次的见面，就到 1927 年了。这一年的秋天，弘一法师到上海去，住在他的学生丰子恺家里，正好印光法师也到上海的太平寺来了，弘一法师就去拜见，同去的还有叶圣陶等人。叶圣陶后来作《两法师》一文，记述了这一次会面的经过：

寺役去通报时，弘一法师从包袱里取出一件大袖的僧衣来（他平时穿的，袖子同我们的长衫袖一样），恭而敬之地穿上身，眉宇间异样地静穆。我是欢喜四处看望的，见寺役走进去的沿街那房间里，有个躯体硕大的和尚刚洗了脸，背部略微伛着，我想这一定就是。果然，弘一法师头一个跨进去时，便对这和尚屈膝拜伏，动作严谨而安详。我心里肃然。有些人以为弘一法师当是和尚里的浪漫派，看这样可知完全不对。

印光法师的皮肤呈褐色，肌理颇粗，表示他是北方人；头顶几乎全秃，发着亮光；头脑很阔；浓眉底下一双眼睛这时虽不戴眼镜，却同戴了眼镜从眼镜上面射出眼光来的样子看人；嘴唇略微皱瘪：大概六十左右了。弘一法师和印光法师并肩而坐，正是绝好的对比，一个是水样的秀美，飘逸，而一个是山样的浑朴，凝重。

这也是两法师的最后一次见面，后来他们只以书信相通。

印光法师于1941年示寂。在此之前，弘一法师曾有为印光法师作传的打算，印光法师往生后，又有人请求弘一法师为印光法师作传，弘一法师犹豫再三，终究还是没有动笔。他说："若稍赞则违遗训，若太平淡则不契时机，故迟迟有待。"这件事情就一直没有能够实行，1942年，弘一法师也往生西方了，传记于是就没有能写成。

印光法师俗家姓赵，名绍伊，字子任，陕西合阳陈村人。幼时学儒，曾效韩愈、欧阳修等人辟佛，十五岁时偶读佛经，洗心革面，回心向佛。二十一岁时投终南山五台莲华洞寺，礼道纯和尚剃度出家，次年于陕西兴安双溪寺印海律师座下受具足戒，法名圣量，字印光，别号常惭愧僧。他是近代著名的净土宗高僧，为净土宗第十三代祖师。

法师弘一

持戒

李叔同 1918 年出家时，马一浮赠书两本，一本是《灵山毗尼事义集要》，另一本是《传戒正范》。这两本书都是关于僧人持戒的，法师阅后，对律宗产生了兴趣，开始研习《有部律》，后来在徐蔚如居士的劝说下，又把研习的重点放在了《四分律》上，并于 1931 年在佛前发愿，要随力弘扬南山律学。

南山律宗为唐朝道宣律师所创，清朝时已衰微，经典皆已失散，到清末时，才从日本请回律学的经典，再经弘一法师大力弘扬，逐渐地又复兴起来。

法师之所以要弘扬律学，最主要的原因，还是看到当时的僧人，有许多并不是真正学佛的，因此要通过弘扬律学，来改变这种风气。

律学以为持戒是极重要的事情，学律的僧人，都是“以戒为师”的，因此法师对戒律极为重视，比如因为戒律中有过午不食一条，所以法师从来都是一天只吃两顿饭，早一餐，午前一餐，法师还特意写文，解释何时才算是过午；戒律中还有不杀生戒偷盗等等，他也都极是注意。

弘一法师因为非常重视戒律，以至于有些日常的行为习惯，在旁人看来无法理解。

比如坐藤条椅时，事先要把椅子拍一拍顿一顿，因为担心里面有小虫子，自己莽撞地坐下去，就把小虫子给压死了；又比如有人寄了纸墨去求字，法师写完信后，便是一些写剩的残纸，也绝不丢弃，而是保存好，若人家事先没有告诉他这些剩纸可以由法师自由支配，他必不会拿来自己用，而是要写信或用别的方式，去问那位求字的人，这些剩纸是要寄回去呢还是可以由他自己自由处置。

而生活上的极度的俭朴，就更不用说了，之前在写到夏丏尊的时候，已经说过弘一法师这方面的一些事情，现在再说一些来做补充。

黄福海是法师晚年所收的书法弟子，有一次黄福海到晚晴室去找法师，正好碰到法师脱了袈裟在写字，黄福海看到法师的小褂上补丁打得满满的，估计有七八十处之多，感到非常惊讶。又有一次，法师托一个小和尚给黄福海送来一大卷的书件，黄福海打开来一看，却傻了眼，原来除了书件之外，还附有许多长短不一、宽窄不等的白纸条，黄福海很诧异，小和尚跟他解释说："这是你从前送去的纸张，裁下书写后所剩下的零碎纸条，法师特地将它送还给你。"

1934 年，弘一法师在厦门南普陀寺，寺主常惺法师请弘一法师到后山兜率陀院结夏，弘一法师说那是优待寺中劳苦功高的退居和尚和云游过厦门的诸方长者的地方，而自己只想做一个普通的挂单者，所以不愿搬过去。但常惺法师一再恳请，他不得已才搬到了兜率陀院，但提出要求，说吃食一定要和其他的僧众一样。常惺法师担心弘一法师体弱，应该吃好一点，但弘一法师这回说什么也不答应了。最后常惺法师没有办法，只能在饭堂里新设一个面斋，一众僧人和弘一法师，都一起同享，弘一法师这才接受了。

兜率陀院后的五老峰上，有净室三间，院内有莲池，弘一法师住了三间净室中的一间。到五六月间，院内桃树结了满树的桃子，清香红润，令人垂涎，看守莲池的净人师想摘几颗桃子来供养弘一法师，但法师却不答应，他说这是犯戒的行为，庙里的果木要由常住摘下，再由执事分配，他才能享用自己应得的那一份，不能比别人多，否则，即使是摘下来，自己不吃而是拿来供佛，也是犯戒的。

1937 年，弘一应青岛湛山寺倓虚法师之请，到湛山寺去讲律，动身之前他就跟倓虚法师约法三章：一不为人师；二不开欢迎会；三不登报吹名。法师由厦门乘坐轮船前往上海，再由上海转赴青岛。弘一原本坐轮船是绝不肯住房舱的，都是与大众一起睡统舱，会泉老和尚担心弘一法师太辛苦，事先就把房舱的票给买了，法师看没有办法，这才住了房舱。弘一法师随身的行李，也就是一条旧麻袋和一个小竹篓，让来接他的湛山寺僧众很是惊讶。在湛山寺，弘一法师自己住一间寮房，和以前一样，这间寮房中的家什也很简单，桌子、书橱和床是湛山寺为弘一法师预备的，桌子上只有一个很小的铜制方墨盒，一支掉了毛的笔，书橱里有几本点过的经书、几本稿子，床上是一条灰被单，枕头是拿衣服叠成的，墙根立着两双鞋，一双是黄布鞋，另一双则是草鞋。寮房被弘一法师收拾得非常干净，地板光滑，窗子玻璃明亮。

弘一法师在湛山寺的生活非常规律，每天劳作九小时，每周一、三、五上午讲律，下午编写讲义或者写字。星期日及二、四、六全用于备课、写笔记。他每天都要走出山门，经过后山，到海边的礁石上去凝望。

虽然弘一法师是湛山寺住持倓虚法师请来的贵客，但是他并不愿意在饮食上与别的僧人有什么不同，因为戒律是禁止“别众食”的。弘一法师刚来的时候，倓虚法师不知道他的习惯，让人送四个菜到弘一法师的寮房去，但是法师没有动这四个菜。第二次也是四个菜，但弄得没有第一次好，但是法师还是不肯吃。第三天就只预备了两个菜，没想到法师还是不吃，倓虚法师没有办法，只好把菜换成了跟别的和尚一样的大众菜，弘一法师先问端饭的沙弥：“是不是大众也吃这种菜？如果跟大家一样就吃，不是，还是不吃。”沙弥称说大家都是吃的这种菜了，弘一法师这才安心吃起来。

在弘一法师身体力行的倡导下，湛山寺、哈尔滨的极乐寺、长春的般若寺、天津的大悲院等寺院，都接受了弘一的律仪，每到黑白半月（这是佛教中的说法，白月指上半月，黑月指下半月）诵戒羯磨，四月十五日结夏（又名坐夏，或坐腊，即在夏季的三个月中，僧徒们不得随便外出，以便致力于坐禅和修习佛法），七月十五日自恣，平时都过午不食，竭力行持四根本戒、十戒或十三僧戒。

弘律

律学传播到中国来，最早是在三国时，中天竺僧人昙柯迦罗来到洛阳，译出了《僧祇戒心》。

后来又不断有人做翻译的工作，到唐朝时，共有五大律在中国流布，即《十颂律》《四分律》《摩诃僧祇律》《五分律》和《根本说一切有部律》，其中《四分律》最为通行。

弘一法师出家的前十年，大多是在做研习整理律书的工作，同时多有著述，比如最早编成的《比丘律戒相表记》，还有影响最大的《南山律在家备览》等。法师的律学著作很多，前后著述计有数十种。

法师出家的后十年，则多是在做弘律的工作。最初法师是想办一个律学院，但却竟因此而受了打击，使他的精神颇有些颓唐。

事情的原委是这样的：1931 年的夏天，弘一法师由白湖金仙寺移居慈溪五磊寺，农历的七月十三日，他于五磊寺自誓受菩萨戒，作羯磨文云：

> 我名演音，仰乞十方一切如来，已入大地诸菩萨众。我今欲于十方世界佛菩萨所誓受一切菩萨学处，誓受一切菩萨净戒，谓律仪戒、摄善法戒、饶益有情戒。如是学处，如是净戒，过去一切菩萨已具，未来一切菩萨当具，普于十方，现在一切菩萨今具。于是学处，于是净戒，过去一切菩萨已学，未来一切菩萨当学，普于十方，现在一切菩萨今学。

五磊寺的住持栖莲大和尚，看到法师于律学多有研究，就想请法师在五磊寺开办南山律学院，以三年为一期，讲授南山三大部，即唐朝时道宣律师所作的《四分律含注戒本疏》《四分律删补随机羯磨疏》和《四分律拾毗尼义钞》。弘一法师以为这是一件好事，就答应下来了，并请栖莲大和尚和金仙寺的住持亦幻法师一起，到上海去筹募开办律学院的费用。两位法师到上海之后，得到朱子桥居士的捐赠，募得善款一千银元，而且答应若有不足，还可设法。没有想到这时却起了变故，栖莲大和尚看到此法可募得大笔善款，便准备了一本又厚又大的缘册，又请弘一法师写了序言，打算再以南山律学院的名义广为捐募。弘一法师以为有朱子桥的捐赠已经足够，没有必要再广为捐募，因此与栖莲大和尚意见多有不合，最终只能放弃了南山律学院的筹办，离开了五磊寺。

弘一法师受了这一次的打击之后，就改变了弘律的办法，不再打算办像南山律学院这样大规模的学校，而是将传授律学的活动控制在小范围内。

再一次的讲律，是在 1932 年的春天，在白湖金仙寺。有一天，弘一突然对亦幻说："律学院不办，朽人发心想教诸法师习南山律，未知大家可有兴味？"

亦幻听了弘一的话，非常高兴，告知其他僧众，共集合了十几人，一起来听弘一法师讲律。

教室在方丈楼上，里面仅放桌椅，没有其他的东西，一天讲课两小时，其他的时间用来背诵律条，平常不准读其他的书籍，更不能看报纸，上课时若想上厕所，也要告假。

但这一次的讲律，或许是因为时机未到，只是讲了半个月，就结束了。

终于能正式地开始讲律，是在 1933 年的正月初八，驻锡于厦门妙释寺之后。迁入妙释寺不久，弘一法师就做了一个梦，梦到自己又回到了少年时代，与一位老儒师一起行走，突然听到有人在朗读《华严经》偈句，细听之下，辨出是《贤首品》文。读经的声音激越清扬，法师听到，久久不愿离去。后来又跟着老儒师往回走，看到有十多人席地而坐，其中有一个人面前放着一张琴，又有一位长髯老者正在引吭高歌，这位老者气宇轩昂，所唱的就是刚才法师听到的偈语。老人席前有纸，上书大字一行，似乎写的是《华严经》

名，法师知道这位老人是在以歌说法，生起了崇慕之心，便过去问正在听老者说法的众人：“还有一点空地容下我们么?”一位听众说：“两头都是空席，请坐!”法师刚刚把鞋子脱了，正欲入座，忽然就醒了。

弘一法师做了这么一个梦后，以为弘律的机缘已到，于是办起了“南山律苑”，宣讲南山律学，他开始编写《四分律含注戒本》，并于妙释寺中开讲。《四分律含注戒本》于二月初八讲毕，弘一法师旋即编撰《随机羯磨》讲义，于3月9日在万寿岩开讲，5月8日讲毕。跟随弘一法师学律的僧人虽然不多，只有十几个，但效果却很好。弘一法师在给朋友的一封信中说：“此次讲律，听众甚盛。内有二人，患肺病甚剧，又有一人正在呕血不止，卧床不起之时，而立刻停止晚餐，不顾身命，尤令人感佩。现已讲《羯磨》，若欲深造，非有三五年之工夫专心研习不可。听众中有二三人誓愿甚坚固，或可发心专修也。”

五月初十，弘一法师应泉州开元寺之请，要到开元寺去驻锡，十余位学僧也跟着弘一法师到开元寺去，继续学律。他们居住在开元寺左侧的尊胜院内。院内有一排平房，共有六间僧房和一小厅。屋前的空地上栽植着花草树木。学律的僧人两人住一间，弘一法师自己住一间。学生们听法师讲律的时候，都需穿上海青（广袖僧衣）以示尊敬。学生们除了听律，还要阅读圈点南山三大部。另外弘一法师还为学生们订下了严格的规条和作息时间表，学生们都要按此规条和时间表学习和作息。

1933年农历十一月十五日，弘一法师应晋江草庵寺主之请，到草庵来过冬。在次年的农历元旦，弘一法师开始在草庵讲《含注戒本》。

1934 年 2 月，法师又到厦门的南普陀寺去。南普陀寺有闽南佛学院，院长常惺法师请弘一法师到南普陀寺来，除了讲律，也希望弘一法师来帮忙整顿学僧的教育。弘一法师看到闽南佛学院的学生不听约束已成风气，以为因缘未熟，若强行整顿，效果不彰，于是主张另办一个学院。在瑞今法师和广洽法师的帮助下，弘一法师在南普陀寺后山的兜率陀院创办了佛教养正院。“养正”这名字取自《易经》，《易经》中有“蒙以养正”的句子，其意为“启蒙学生，让学生走上正道”，因此佛教养正院与闽南佛学院不同，主要是做启蒙教育，生源主要来自各寺的沙弥。弘一法师亲自为佛教养正院草拟了章程，又书写院额。法师有时也会到养正院来讲学，主旨在教导学生要“惜福、习劳、持戒、自尊”。佛教养正院开办之后，声誉日隆，培养了不少佛教人才，一直到抗日战争开始之后，因为院舍被军队占用，才不得不停办。

弘一法师生命中最后的十年，几乎一直都是在四处奔波讲律中度过，他最后的一次讲律，现在可以查到的，是在 1941 年他六十二岁的时候，在晋江佛林寺结夏时，为学者讲《律宗钞要》，同时编《律宗钞要随讲别录》，这一年是他去世的前一年。

法师在联语中说要“誓舍身命，弘护南山律教，久住神州”，于他是真正地做到了，但南山律教是否能久住神州，却需后来者继续努力才行，如今僧界颓废的情况，是比弘一法师在世时有过之而无不及，而再要想找一个弘一法师出来，却是不可得了。

问余何适？廓尔忘言

死亡是每个人都不想面对，但又不得不从一生下来就必须面对的事情。记得当我十几岁的时候，每当熄灯上床睡觉，最害怕的事情就是失眠，因为失眠时的情形与死亡太过相似：无边无际的黑与静，如同躺在一个阔大的棺材里，茫无涯际的荒凉的未来。

关于李叔同出家的原因，我之前说过不少，但有一条，却漏掉了没有说。寂山和尚，是温州庆福寺的住持，弘一法师曾在庆福寺住过很长一段时间，并曾拜寂山和尚为依止师。有一天，温州道尹林鹍翔来谒三四次，当时法师正在闭关，均以病辞不见。另一位温州道尹张宗祥来拜访弘一，寂山和尚以为地方长官来访，实在不好推拒，法师闻言，"两颊泛赤，如有愠色，继忽合掌连声念'阿弥陀佛'，垂泪曰：'师父慈悲，弟子出家，非谋衣食，纯为了生死大事，妻子亦均抛弃，况朋友乎？乞婉言告以抱病不见客可也。'"

生死之事，可谓大矣！生之意义何在？死又归于何处？才华横溢、智识过人如李叔同者，亦无法摆脱这困扰了所有人之大问题。

早在1913年的7月16日，李叔同就曾经写信给许幻园，引用了范伯子的绝命诗《落照》："落照原能媲旭辉，车声人迹尽稀微。可怜步步为深黑，始信苍茫有不归。"李叔同在信中评价此诗说："通人亦作可怜语，可哂也。"

范伯子是同光诗派中的翘楚，曾作诗云："古人所宝文章境，岂与小夫争俄顷。对面相看泰华低，发声一奏雷霆静！"气势非凡，视天下文人如无物，但到了晚年却仍无法勘破生死，作此绝命诗，被李叔同视为"可怜语"。

李叔同自己自然是绝不愿作这样的可怜语的。1938年7月初，丰子恺逃难到桂林，生活稍微安定，便写信给当时尚在福建的弘一，希望法师能到桂林去与他一起生活。弘一回信说："朽人年来已老态日增，不久即往生极乐。故于今春在泉州及惠安尽力弘法，近在漳州亦尔。犹如夕阳，殷红绚彩，瞬即西沉。吾生亦尔，世寿将尽，聊作最后纪念……"这个回答，既是对丰子恺的来信的回应，也可以说是李叔同对于生死大事的一个间接的解释。虽然夕阳总要西沉，总要"步步为深黑"，但李叔同却不信那"苍茫有不归"的结局，他不仅要在自己的晚年做到"殷红绚彩"，更要与生者相约，来生再驻世间，弘法度人。

对于死，弘一法师是早已做好了准备的。1922 年年初，他在温州庆福寺，患上了极严重的痢疾，以为必死，对寂山和尚说："小病从医，大病从死。今弟子患大病，从他死好。惟求师尊俟吾临终时，将房门扃锁，请数师助念佛号，气断愈六时后，即以所卧被褥缠裹，送投江心，结水族缘。"万幸这一次的痢疾居然好了，弘一并没有死。到 1931 年的 4 月，法师曾立过一个遗嘱。到 1935 年，又立了一次。在这一年年末，法师患了一场大病，在次年正月写给夏丏尊的信中，他说："一月半前，因往乡间讲经，居于黑暗室中，感受污浊之空气，遂发大热，神志昏迷。复起皮肤外症极重。此次大病为生平所未经过，虽极痛苦，幸佛法自慰，精神上尚能安也。其中有数日病势凶险，已濒于危，有诸善友为之诵经忏悔，乃转危为安。近十日来，饮食如常，热已尽退。惟外症不能速愈，故至今仍卧床不能履地，大约再经一二月乃能痊愈也。"在病危之时，弘一曾立遗嘱云："命终前请在布帐外助念佛号，但亦不必常常念。命终后勿动身体，锁门历八小时。八小时后，万不可擦身体洗面，即以随身所著之衣，外裹破夹被，卷好，送往楼后之山凹中，历三日有虎食则善，否则三日后即就地焚化，焚化后再通知他位，万不可早通知。余命终前后，诸事极为简单，必须依行，否则是逆子也。演音启。”

1995 年的农历九月二十日，是弘一法师一百一十五周年诞辰纪念日，《旷世凡夫——弘一大传》一书的作者柯文辉先生到厦门去拜访弘一法师的弟子蔡吉堂老人，老人谈起了 1935 年年底弘一法师的这场大病：

> 大师在乡下弘法期间过于劳苦，过午不食，营养差，抵抗力弱，感染病毒后，发高烧多日，忽在下臂长出大疔疮，一天半光景，下臂溃烂的皮肤便超过一半，体温因之还在上升，流脓出血，上臂又迅速开始溃坏。几日后脚面又长出冲天大疔疮，脚腿红肿，其势难收。两病得上一种都难保性命。大师昏迷三四天，醒后坦然写了遗嘱，念佛不止，舌敝唇焦。坚持几日，臂上疔疮停止发展，脚趾间流下大量血水，虽肿未全消，已能坐起，能给夏丏尊、刘质平写信，可说是奇迹。传贯、广洽把老人家接到厦门，安顿下来之后，广洽来找我，说大师要见我，我急忙跑去探视。老人家见我流泪，微笑说：“生病受苦也是一种境地，好消旧业，何必难过？”
>
> 我立即请来留学日本的专家黄丙丁博士，他看后决定一天电疗两次，注射大量消炎药。那时还没有盘尼西林。一公问到费用。

“先治病，治好最重要。”黄博士很恳切，一公犹豫着，怕将来诊费太多。

广洽和我喊来人力车，把专家和大师一齐送到诊所，立即治疗。

“我很崇敬大师，能为老人家看病是幸事，一文不收！”黄博士要我转达他的仰慕之情。

“那不太好吧……”我悄悄向大师说明大夫一片好心，大师不安地念叨着。

经过二月、三月、闰三月，到四月底才痊愈。黄博士不收医药费。

三月二十八，大师向夏先生去信，要从晚晴护法会支取资助五十元酬劳名医。夏先生很快把钱寄到，大师要我拿钱到日本药房去买礼券五十元交给黄博士。

我说：“他说不收，买过券不好退又怎么办，还是先去问问他再买吧。”

“你告诉他，若要从日本买什么东西，我可以写信去托朋友代办。”

黄博士对我和广洽说：“大师一代书家，能惠赐几件墨宝就不胜感激了！”

一公欣然命笔为博士写了《心经》、横披、佛号、联语多件，在局口街裱画店里贴满了大半面墙，除掉刘质平、蔡丏因，后辈当中谁也没有得过这么多墨迹。

这是弘一法师一生之中距离自己的死亡最近的一次，他从容而镇静地面对，虽痛苦而不抱怨，对他人的帮助则以涌泉报之。

真正的死亡，是在1942年来临的。在此之前，法师似乎已有预感，这一年年初，他在晋江福林寺试笔赠昙昕法师："世间尘劳之事，如钩锁连环，相续不断，得省处便省。为无始时来习得熟，若不力与之争，日久月深，不知不觉入得头深。腊月三十日，卒著手脚不办，要得临命终时不颠错，便从如今作事处莫教颠错。"跋云："宋文慧禅师警训，壬午元旦试笔，奉昙昕法师慧览。晚晴老人时年六十有三，居茀林别院。"

惠安县县长石有纪是弘一法师在浙江一师教书时的学生。三月，法师应石有纪之邀请，赴惠安灵瑞山讲经。法师与石有纪约法三章："一、君子之交，其淡如水。二、不迎不送，不请斋。三、过城时不停留，径赴灵瑞山。"石有纪全遵师命。弘一法师在灵瑞山住了一个月，中间曾下山入惠安城中，见了石有纪的妻子和女儿，并与石有纪合影一张，告诫石有纪云："做人要存诚意，做官不能嗜杀，要尽力为百姓办点事！"

法师离开惠安县之后，暂住泉州百原寺，原本计划再回晋江福林寺的，但是大家以为时局扰攘，法师还是住在泉州城内为宜，于是写信给法师，请他到泉州温陵养老院结夏养静。法师收到信后，于这一年的5月9日来到温陵养老院，与他一起来的，还有觉圆法师和陈天发童子，以及妙莲法师。

胜闻向弘一法师求书，法师"谨录平生不敢忘怀《论语》一章"赠之："曾子有疾，召门弟子曰：'启予足，启予手。《诗》云："战战兢兢，如临深渊，如履薄冰。"而今而后，吾知免夫，小子！'是为余生平得力处，愿共勉焉，晚晴。"

这是弘一法师在告诫胜闻，谨记曾子教导，一生都要“战战兢兢，如临深渊，如履薄冰”，敬慎戒惧，这样死时才不会有遗憾。

中秋和十六，弘一法师应叶青眼等人之请，为养老院僧人讲《八大人觉经》和《净土法要》，语气略带黯然，有告辞之意，众人未在意。

中秋之后，已有病兆。

黄福海是法师弟子，听闻法师生病，非常着急。法师熟人罗元庆以为法师得了疟疾，买了十二粒奎宁丸交给黄福海，让黄福海转赠法师。黄福海又买了几味药，赶到温陵养老院，把药献上。但弘一法师却不愿收下奎宁，他以为此药太贵，目前又用不着，请黄福海交还给罗元庆转施给其他急需的病人。

黄福海请法师收六粒，另外一半自己带回交给罗元庆，法师才收下了。

两天之后，黄福海再到温陵养老院去探望法师，得知法师已经把奎宁丸交给承天寺得疟疾的小和尚使用了。

慧田和尚住持南安洪梅乡水云洞，弘一法师晚年曾驻锡于此，对慧田多有教诲。中秋之后，法师曾写信托慧田法师搬一些书籍和东西到承天寺去，慧田却突然生病，一直到农历的八月二十六日才有所好转，正在他为了不能完成弘一法师的嘱托而焦急的时候，妙莲却带着药和香蕉来看他了。原来弘一法师听说慧田病重，便托妙莲前来看望，并要妙莲转告慧田，让慧田把药吃下，好好养病，将来成为佛门栋梁。

农历八月二十八，将妙莲唤到床前，还始写遗嘱，遗嘱共有三张纸，两张是给妙莲的，一张是给温陵养老院董事会的。

给温陵养老院的遗嘱是：

（一）请董事会修台（即指过化亭一部分破损应即修葺者）。

（二）请董事会对老人开示净土法门。

（三）请董事会议定：住院老人至八十岁，应举为名誉董事，不负责任。

（四）请董事会审定湘籍老人，因已衰老，自己虽乐为助理治圃责任，应改为庶务，以减轻其负担。

同时交给妙莲的还有《药师经》一部，以及《格言别录》一本。

农历八月二十九日下午 5 时，又向妙莲法师交代了五件事：“（一）在已停止说话及呼吸短促或神志昏迷之时，即须预备助念应需之物。（二）在助念之时，须先附耳通知云，‘我来助念’，然后助念，如未吉祥卧者，待改正吉祥卧后，再行助念。助念时诵《普贤行愿品赞》，乃至‘所有十方世界中’等正文。末后再念‘再无阿弥陀佛’十声（不敲木鱼，大声缓念）。再唱回向偈，‘愿生西方净土中’，乃至‘普利一切诸含识’。当在此诵经之际，若见余眼中流泪，此乃‘悲欢交集’所感，非是他故，不可误会。（三）察窗门有未关妥者，关妥锁起。（四）入龛时如天气热者，待半日后即装龛，凉则可待二三日装龛。不必穿好衣服，只穿旧短裤，以遮下根即已。龛用养老院的，送承天寺焚化。（五）待七日后再封龛门，焚化。遗骸分为两坛，一送承天寺普同塔，一送开元寺普同塔。在未装龛以前，不须移动，仍随旧安卧床上。如已装入龛，即须移居承天寺。去时将常用之小碗四个带去，填龛四脚，盛满以水，以免蚂蚁嗅味走上，致焚化时损害蚂蚁生命，应须谨慎。再则，既送化身窑后，汝须逐日将填龛脚小碗之水加满，为恐水干去，又引起蚂蚁嗅味上来故。”

农历八月三十日，整日默诵佛号。

农历九月初一日，为黄福海写一纸座右铭：“以冰霜之操自励，则品日清高；以穹窿之量容人，则德日广大；以切磋之谊取友，则学问日精；以慎重之行利生，则道风日远。故曰修其天爵而人爵从之。”下午写“悲欣交集”四字付妙莲，此是法师绝笔。

农历九月初三，弘一法师圆寂前一天，妙莲和尚请法师服药，法师对妙莲说：“我生西以后，乘愿再来。一切度生的事业，都可以圆满成就。”

农历九月初四，夜 7 时 50 分，法师呼吸稍促，妙莲等助念佛号，8 时整，法师安详圆寂。

农历九月初五，缁素弟子在窗外焚香献花礼拜。

农历九月初六，林英仪先生来为法师作涅槃速写，题句云：“六根何处绝尘埃，每对苍生笑几回。莫向形骸藏故我，谁人不是业中来？”

李芳远是法师在厦门认识的少年，既是法师弟子，亦是法师友人，他后来在《送别晚晴老人》一文中回忆法师晚年容貌云：“法师近来老态日甚，似雪的长髯，瘦得如苍松般，但是精神却为我们青年人所望尘不及。在很静穆的面中微露出他的笑容，毫无躁忿地续动念珠，却一面与我谈着，那种飘逸的神态，正和他的书法一样，清绝人间，毫无矜才使气的烟火。”

弘一法师生于1880年10月23日（农历九月二十），逝于1942年10月13日（农历九月初四），终年虚岁六十有三。

1980年弘一法师一百周年诞辰时，赵朴初先生作诗一首以为纪念，其诗云："深悲早现茶花女（指弘一法师早年曾登台饰演茶花女事），胜愿终成苦行僧。无数奇珍供世眼，一轮明月耀天心。"

轶事三则

其一

胡朴安去灵隐看法师，赠五言古诗一首，称法师是"不死僧"，其中又有"为我说禅宗"一句。法师一贯清通，并不执着于门派，但他对禅宗却有看法，他觉得末法时代，最重要的是守戒弘律，禅宗虽亦是修行法，但若修行不得其道，则容易落到下层。不过法师也并没有当场指出胡朴安的不对，而是先写了"慈悲喜舍"横卷相赠，然后说："学佛，不仅是精佛理而已。又我非禅宗，并未为君说禅宗，君诗不应诳语。"胡朴安也是一个妙人，他"体貌壮伟须眉开张"，又通武术，但法师说他诳语，他便就低首认错，称自己"囿于文人积习，不知犯佛教诳语之戒"。

其二

丰子恺寄了两卷宣纸给法师写佛号，法师写完之后，还剩很多，他便写信问丰子恺："多余的宣纸如何处置？"丰子恺后来回忆说："我原是多备一点，由他随意处置的，但没有说明，这些纸的所有权就模糊，他非问明不可。我连忙写信去说，多余的纸，赠与法师，请随意处置。以后寄纸，我就预先说明这一点了。又有一次，我寄回件邮票去，多了几分，他把多的几分寄还我。于是以后我寄邮票也就预先声明：多余的邮票送与法师。诸如此类，俗人马虎的地方，修律宗的人都要认真。”

其三

法师驻锡于惠安净峰寺时，有一小孩子名邱文珍，年仅十一，喜欢到法师的居处去玩耍。有一次邱文珍看到壁上挂着一根木拐杖，中部有接痕，邱文珍好奇抽开，原来里面是一把锋利的白刃刀。

附录

吴单贾义列传

太初年间，飞将军李广的孙子骑都尉李陵听闻楚人剽悍，就到楚地去招兵。吴单本是楚地的猎户，家境贫苦，无法在家乡生活下去，就应征入伍了。李陵一共在楚地招了五千人，他带着这五千人到张掖和酒泉去，教他们射术和刀术，带领他们与匈奴人作战。吴单原本射术极佳，又跟李陵学会了刀术，作战也很勇敢，还学会了骑马，李陵很器重他，就提拔他做了百人将。

天汉元年，大将军李广利率五万骑出征青海，皇帝命李陵出居延，向匈奴境内的浚稽山进军以牵制敌人的兵力，李陵就带着他的五千步卒出发了。在草原上走了一月有余，万幸并没有碰上大股敌军，李陵很高兴，在浚稽山扎下营寨后，就派部将陈步乐回长安去向皇帝报信。由浚稽山到长安去，有数千里远，途中还有可能碰到匈奴人，陈步乐自己一个人自然无法回去，李陵又从步卒里挑选了八个射术和刀术都很精湛而且会骑马的人，保护陈步乐回到长安去，吴单亦在其中。

在途中因为与匈奴人作战又死去了两个步卒，最后回到长安的加上陈步乐自己只有七个人。陈步乐向皇帝报告了李陵的军队已经到达浚稽山的好消息，皇帝龙颜大悦，封陈步乐为郎中，俸禄三百石，与陈步乐一起回来的六个步卒，也得到了殊赏。

然而坏消息很快传来，李陵的军队遇到了匈奴军的主力，李陵率五千步卒，边战边退，箭尽粮绝，仍没有等到救援，最后在退到距居延关只有数百里远地方的时候，被匈奴大军包围，李陵突围没有成功，只好投降了匈奴。

皇帝大怒，不仅剥夺了陈步乐郎中的头衔，还要把他和他手下的六个步卒全都斩首。这时候，全国上下人等，都觉得陈步乐等人死有余辜，唯有太史令司马迁觉得陈步乐冤枉。司马迁性情耿直，虽然皇帝正在大怒，但他仍然直言进谏道："陈步乐回来的时候，李陵还在浚稽山下与匈奴作战，他不可能知道李陵后来会投降匈奴，他其实是没有什么过错的。"皇帝也知道自己要杀陈步乐是错的，就说："如果他们能用钱或者用腐刑赎死，朕就放过他们。"

汉朝有用钱赎死的法令，不过那笔钱数额巨大，达到五十万钱，不是一般人能凑得出来的。陈步乐出身晋阳的世家，倾家荡产，倒是勉强凑足了这笔钱，幸运地捡回了一条命；他手下的六个步卒，却凑不出这笔钱，而他们又不愿接受用腐刑赎死的办法，——可怜他们没有死在草原上，却要死在长安，死在皇帝的刽子手的斧头下了！

就在要执行死刑的前一夜，步卒们终于决定还是要想办法活下去，于是他们对狱卒说："男子汉大丈夫，遭到腐刑的话，也没有脸活下去了，如果皇帝能够同意我们用别的刑罚来赎死，无论是劓刑还是刖刑，我们都愿意接受。"幸运的是那个狱卒也是一个有良心有见识的人，他向上面报告步卒们的请求，皇帝此时怒气已消，竟然破天荒地同意了。于是那六个步卒，包括吴单在内，都幸运地逃得一命，不过他们也付出了巨大的代价，有的失去了鼻子，有的失去了一条腿。

吴单失去了鼻子，没有脸再回到家乡去，只能留在长安，以屠狗为生。与他同行的另外五个步卒，有两个回楚地去了，后来再也没有他们的消息，还有另外三个也像吴单一样没有脸回家乡去，无奈地留在了长安。这三个人中，有两个像吴单一样失去了鼻子，还有一个则失去了一条腿。然而留在长安的日子也并不好过，因为他们身上都留着受过劓刑或刖刑的痕迹，长安市井里的人都看不起他们，更有一些人，知道他们原来的身份和受刑的原因，把他们视为叛徒和汉奸，还把这消息散布开来，终于，在一个月之后，有一位步卒因为受不了别人的污辱，从东市的旗亭上跳下来死了，还有一位步卒，也在不久之后，杀死了污辱了他的人，然后自刎而死。

和吴单一起在长安活下来的那个步卒，本名刘义，身长八尺，是以角抵第一称雄于李陵军中的。他和吴单一样失去了鼻子，也不愿回楚地去，因此留在了长安。他本来是想以幼时在家乡学会的角抵谋生，但是长安人都看不起他，根本不愿与他赌赛。刘义无法，只能在长安街头游荡。有一天他到柳市去寻食，偶然遇见了柳市有名的大侠萬子夏，萬子夏看他可怜，就让他改名叫贾义，又让他戴上青铜的半遮面的面罩，跟外面的人宣扬说他本是轵地的大侠郭解的门客，因为帮郭解复仇才失去了鼻子。郭解是有名的大侠，二十多年前被皇帝族杀了，但是在民间仍有极高的威望，而萬子夏又是当时长安第一有名的大侠客，他说贾义本是郭解的门客，大家自然都相信，愿意与贾义结识。于是贾义就在长安生活了下来，还娶了媳妇，家境比靠屠狗为生的吴单要好得多。

吴单因为缺了鼻子，长安市内百姓又都知道他曾是李陵的步卒，不愿买他的狗肉，因此生计艰难。吴单本是猎户，看到只靠屠狗无法维持生计，就重操旧业。长安附近本没有可以打猎的地方，除非跑到终南山去，但吴单却嫌终南山太远；城西的上林苑，是皇家苑囿，里面有许多野物，吴单趁着夜色，翻进上林苑中，挑个头不是很大的鹿，射杀了抬回去，在长安的黑市里卖。鹿肉本不易得，长安的富户里面，有不少人成了吴单的主顾，因此吴单也渐渐在长安城内安定下来。

转眼到了次年的春季，三月的时候，却传来了李陵的家人要被处斩的消息。原来李陵投降了匈奴之后，皇帝大怒，再加上皇帝的小舅子大将军李广利也大败而回，朝廷上那些官员，见风使舵，把这次大败的责任全都算到李陵头上，唯有太史公司马迁进谏道："李陵以五千步卒，孤军深入，没有后援，与匈奴八万骑兵缠斗，斩敌上万，退至边境附近，箭尽粮绝，才不得已投降了匈奴，李陵心中必定还是向着大汉的，以后若有机会，他必定要乘时而起！"皇帝怒气消后，也觉得司马迁说得有理，就派因杅将军公孙敖带兵到边境上去，做李陵的接应。公孙敖等了一年多，不耐烦了，正好捉到一个俘虏，说李陵在匈奴教匈奴人练兵，公孙敖就把这消息报告给皇帝，皇帝震怒，觉得自己上了司马迁的当，不仅把司马迁关入狱中，更要把李陵一家老小全都砍头。

原本死刑都是要到秋后才执行，但这一回皇帝却不耐烦了，要在春天杀人。砍头的地点，定在东市的门口——这里本是长安的刑场，以前就砍过不少人的头，"七国之乱"时，御史大夫晁错也是在这里，穿着上朝的官服就被腰斩了的。

吴单以为李陵对自己有恩，他去找贾义，说要想办法救出李陵的家人。贾义的媳妇这时已有身孕，自然不肯跟吴单去冒险，吴单也觉得仅凭两人之力，要把李陵一家老小几十口从牢里救出，不太现实，就决定要在长安到甘泉宫去的路上拦住皇帝的卤簿，为李陵的家人喊冤。

他趁着夜色躲到长安城北的横桥下，这里是长安往甘泉宫去的必经之路。他赤裸上身，双箭贯耳，在桥下等了一夜。天蒙蒙亮时，有大队的车马过来了，他就跳出来，跪在桥上，却没能等到皇帝就被开路的静室令扔到河里去了。吴单大喊："我有话说！我要见皇帝！"但是静室令们只嫌他碍事——他们半夜里爬起来为皇帝开路已经很气愤了，看到有不相干的人捣乱，自然不会客气。

吴单并不放弃，远远地跟着皇帝的卤簿，一直跟到了甘泉宫，他以为总会有机会接近皇帝的，因为甘泉宫周围的防卫并不像长安城和道路上那么严密。

皇帝的卤簿绵延了数十里，皇帝坐在一辆由一百二十四马拉动的宽达数十丈的巨大车辇之中，车上不仅有无数的金玉和流苏作装饰，更有数十宫娥陪伴着皇帝，以免他在路上感到寂寞。

甘泉宫在长安城北三百里处，宫内有通天台，高三十余丈，台上有铜仙人擎承露盘，到了夜里，就有三百童男女彻夜而歌，声震云霄，皇帝在台上朝天而拜，期待仙人下降。吴单趁着白日里通天台疏于防卫爬上台去，躲在铜仙人后，到了晚上，四周都亮起火把，明亮如白昼，童男女们唱起求仙歌来，皇帝在铜仙人之下跪拜，吴单就跳出来，依旧是赤裸上身，双箭贯耳，匍匐在皇帝脚下，高呼"冤枉"。皇帝看到突然有一个人跳出来，起初还以为是神仙下降，再看此人衣衫褴褛双箭贯耳口呼冤枉，就知道又是来喊冤的小民，大怒，一挥手令身边的卫士把吴单扔下通天台去。通天台虽然高，台下却有很多草木，吴单又是步卒出身，因此侥幸没有摔死，但也把腿给摔断了。他在台下歇到半夜，听着祈天的歌声渐渐低下去了，看着皇帝又一次失望地离开通天台了，才慢慢地爬起，把耳朵上的箭拔出扔了，折了两根树枝做夹棍固定断腿，又找了根棍子做拐杖，一路乞讨着，垂头丧气地回长安去。

吴单回到长安，备了瓮酒，到砍头的时候，抱上断头台去，送李陵的家人上路。但李陵的老母和夫人，一看到吴单没有鼻子，都知道他曾是李陵的步卒，竟不愿接他的酒。原来她们也都以李陵投降匈奴为耻，竟是心甘情愿地上了断头台，更有一个李陵的小儿子，年方八岁，在临死前还高呼“大汉朝万岁，皇帝万岁”，他这样的举动，自然只能招来下面看客的鄙夷，以为叛徒的儿子哪有资格这样喊。

吴单觉得太史公司马迁也是自己的救命恩人，如果不是他当时冒险直言进谏，自己和贾义等人哪里还能有生还的机会？现在李陵的家人已经救不了了，但是太史公却是非救不可的。他便拄着拐杖去找贾义，对贾义说太史公司马迁对他们有大恩，一定要想办法救出来。贾义也知道吴单说得没错，但他自己却也不愿出头冒险，便对吴单说：“蛮干的事情，我是不来的，现在唯一的办法，就是看看能不能凑足五十万钱，把太史公赎出来。”吴单也知道贾义说得有理，他的想法是，先想办法凑钱，到入秋时如果还是凑不出这笔钱，那时就是拼了性命，也要把太史公救出。但是吴单自己还在靠屠狗射鹿为生，贾义虽然家境好些，要他拿出五十万钱，也是不可能的。贾义想了想，道：“我已有家小，是不愿出头露面的，你可以去柳市找萬子夏，他必定有办法弄到这笔钱。”吴单看贾义不愿出头，也没有办法，只好先到柳市去找萬子夏，算是死马当作活马医。

柳市在长安城西，就是当年周亚夫扎营的地方，吴单拖着断腿，走了半日才到。萬子夏是长安当地的人，年轻时就因好侠仗义而知名于世，长安的黑白两道，很多人都出自他的门下。吴单找到萬子夏，把救司马迁的事情一说，萬子夏道：“太史公虽是个文人，但性格豪爽，有侠义心肠，跟我们江湖中人倒是很像。五十万钱太多，我自己也拿不出来，不过你可以拿着我这把刀，到北邙坂去找袁广汉，他或许会有办法。”萬子夏说完，就把刀从腰间解下，连刀鞘递给吴单。吴单接了萬子夏的刀，也不进城了，拖着断腿，直接从城外绕到北邙坂去找袁广汉。

袁广汉是长安城有名的富人，他在北邙坂下有一座庄园，方圆数十里，里面亭台楼阁，奇树怪石，不输于皇家园林，但是谁也搞不清楚他究竟是哪里的人，他的钱财又是怎么来的。吴单把萬子夏的刀递进去，袁广汉就急急忙忙迎出来。吴单把来意一说，袁广汉只说好办，先留吴单吃了酒，待吴单吃饱喝足了，才领他到后院去，那里有一架黄牛车，车上堆着五个麻布袋子，每袋十万钱装得满满的，正是五十万钱。吴单看到大喜，连夜驾着黄牛车从北邙坂到茂陵去找太史公的家人，免得夜长梦多。

司马迁的家却是在茂陵显武里，司马迁遭到这样的祸事，他的夫人和女儿整天都是悲戚戚的，虽然四处求告，但那些亲友们却都避之唯恐不及，哪里还敢借钱给她们。这天晚上，母女俩又在相拥而泣的时候，突然听见院内几声巨响，两人还以为又是爱国青年扔石头进来了，战战兢兢出去一看，却是五个麻布口袋落在院内，打开一看，全是黄灿灿的铜钱，两人大喜过望，又不知道是谁人相助，只能望空跪拜，求老天保佑这位帮助她们的贵人。

吴单把钱交给太史公家人之后，就在显武里的门洞里猫了一夜，到天微亮时，里门才开，看见太史公的夫人和女儿领着仆役舁着那几袋钱，匆匆忙忙往长安城的方向去了，才放下心，驾上黄牛车，慢慢地回城里去。

吴单原本以为这五十万钱送上去之后，太史公放出来是十拿九稳的了，便在家中静候好消息，哪里想到等了两个月，他的腿都好了，却依旧音信全无。正在疑惑的时候，贾义突然跑上门来，浑身上下遮得严严实实，说袁广汉的家已被抄了，那些奇树怪石全都搬到上林苑去了，袁广汉也已下了大狱，不日就要砍头，萬子夏听到风声，已经跑得无影无踪，要吴单也收拾收拾，赶紧找一个地方藏起来先避避风头。贾义说完转身就走。吴单家徒四壁，又没有家小，没什么可收拾的，就带上平日打猎用的刀箭，拿斗笠遮了头脸，趁着天色渐暗出了里门，直往上林苑去了。刚走出里门不远，迎头碰上一队执金吾，气势汹汹往自己家的方向去了，他惊出了一身冷汗。

上林苑方圆数百里，东起长安，西至夏阳，北抵渭水，南至终南，山高林密，有很多地方可以藏身。吴单因为经常来这里偷猎野鹿，要论对上林苑的熟悉，只怕那些管理上林苑的官员都比不上他。吴单在上林苑一处山洞内躲藏，白日里只管睡觉，到了晚上就出来捕鱼猎兔摘野果充饥，躲了大概有半个月，倒也悠然自得，比起往日里在长安城内屠狗倒还自在些。那天晚上，吴单正在河边拿削尖的树枝叉鱼的时候，远远看到有灯笼过来，赶紧爬到树上躲藏。那灯笼渐渐近了，却是两个小黄门，也不知道要到哪里去，一路走一路说着闲话，吴单隐约听到说太史令已经由诏狱搬到蚕室去了，明天就要行腐刑。吴单听了，寻思必是皇帝不准太史公用钱赎死，太史公没有办法，只好选择用腐刑赎死。行腐刑需到蚕室中，而蚕室却在上林苑，所以那两个上林苑的小黄门才知道此事。吴单想定之后，也不捉鱼了，跳下树直往蚕室去了。

蚕室比不得诏狱，守卫并不严密。吴单等到半夜，上前去把两个打瞌睡的守卫都打昏了，寻出钥匙打开蚕室大门，进去一看，一排排的都是蚕匾。西边角上一个小门，亮着烛火，吴单过去一看，里面一个四十来岁的中年人，穿着囚服，披着头发，坐在几案旁，就着烛光在竹简上写着什么，听到吴单进来了也不抬头。吴单看这情形，知道必是太史公无疑，就上前跪倒，口称“恩公”。司马迁把笔放下，抬头看了吴单一眼，道：“你是李陵的步卒吧？还不快快逃走，来这里做什么？”吴单道：“小人吴单，前来救恩公出去，免受腐刑之苦。”司马迁却道：“我不出去。”吴单还以为司马迁是担心自己背着他逃不出去，就道：“恩公放心，吴单常常在上林苑里偷猎野鹿，几百斤的鹿背在背上，跳跃如飞，定能救得恩公出去。”司马迁笑笑，道：“我不是担心你带着我逃不出去，而是我自己本就不想出去。”吴单听了一愣，他却是万万没有料到太史公原来竟是甘受腐刑之苦也不愿逃出蚕室的。司马迁又道：“那笔钱，也是你去找萬子夏和袁广汉凑的吧？为了我这条命，袁广汉和萬子夏已经遭了祸，我若不心甘情愿地受了腐刑，只怕还会有更多人被我拖累，落得和袁广汉萬子夏一样的下场。我受了腐刑之后，虽是奇耻大辱，但却能安心写完《太史公书》，完成父亲的嘱托，以慰他在天之灵。”吴单这回明白太史公的意思了，他是宁受腐刑之辱，也要把《太史公书》写完，自然不会和自己一起逃走，遭流离颠沛和官府通缉之苦而无法著书。吴单想明白之后，便也不再强求，只道：“请问恩公还有什么话要对家人说的，吴单手脚却还灵便，想必可以带到。”司马迁摇头道：“不必了，该说的我前日已经对她们说了，倒是你千万要小心，不要留在长安，回楚地去生活吧。”吴单听了，点点头，退出小门，离蚕室而去。

萬子夏也没有逃出去，终究还是被捉住了，和袁广汉一起在东市门口被砍了头。贾义失了萬子夏这个靠山，被仇家将他以前曾是李陵步卒的真实身份翻出来，在长安城里也生活不下去了，先是有不少爱国青年天天往他家院子里扔石头往大门上泼粪，随后媳妇也抛弃了他和刚出生的儿子，跟着年轻的仆人跑了，顺带还卷去了不少钱财。贾义又变得一贫如洗，无处可去，只能背着孩子，在三辅内卖艺为生，幸好他的身体却还健壮，虽已四十多岁，吃些餐风宿露的苦，也不当一回事；只是孩子却遭了罪。

这一天正在一个小镇跳丸弄剑吞刀吐火骗钱，突然上来一个人，抓住他的臂膊，贾义回头一看，是一个二十出头的年轻人，自己并不认识，就道：“小哥认错人了，快快放手，不要碍我挣钱。”那年轻人却道：“英雄贵姓贾，单名一个义字，本是郭解郭大侠的门客，在下说得没错吧?”贾义听了，搔搔头，道：“你找我何事?”那年轻人道：“在下有要事相求，请英雄借一步说话。”贾义只好把孩子背上，把东西都收拾了，道：“且让我到客栈去把东西放了，再同你走。”那年轻人却一把把东西都拎在手里，走到街边一个茶铺里，跟老板招呼了一声，就把东西存在里面，贾义看那老板对他极是恭敬。年轻人回来，把住贾义的手，道："东西且放在茶铺里，英雄回头再取就是。"一边说着，一边引着贾义往镇外走去。

两人走了约有一个时辰，却到了一座大庄园前面，周围群山环抱，一带绿水从庄前流过，庄园大门前植着数十株柳树，极是僻静。原来那年轻人名叫郭远，是郭解的孙子，这庄园是他们家的产业，外面人都称这庄园为郭家庄。郭远引着贾义到草堂前面，令婢女过来把孩子领去照顾，又备了酒菜，陪着贾义吃得酒足饭饱，又坐着喝茶，说些闲话，渐渐地又看到有一些人进来，跟贾义见了礼，在旁边坐下。不久天黑了下来，郭远命仆人打上灯笼，引着大伙儿往庄园后面去了，七拐八弯，却到了后园一间密室，密室内供着一个矮个汉子的画像，想必便是郭解。众人坐定后，郭远扑通跪在贾义面前，倒把贾义吓了一跳。郭远道："郭远出生不久祖父就离世了，郭远深以为憾，今日万幸能见到祖父门下英雄，请英雄受郭远一拜。"郭远说完，就向着贾义磕了三个响头，其他的七八个人，也跟着他一起朝着贾义磕了三个头。贾义原本以为萬子夏口中所说的"郭解的门客贾义"全是子虚乌有，哪里想到原来还真有这么一个人，而且现在竟然还被郭解的后人认了真，一时手足无措，不知如何是好，又担心郭远问起郭解旧事自己回答不上来，心里暗暗着急。

郭远把那七八个人一一介绍给贾义，贾义心内有鬼，也分不清楚谁是谁，只知道郭远成立了一个名叫"抗暴团"的组织，这几个人都是"抗暴团"的骨干。原来郭解被族杀时郭远还未足月，得老仆冒死救出养大，后来风声过了，大家知道他是郭解的孙子，想起郭解以前的好处，都可怜他，赠他钱财，郭远拿这些钱财建了这郭家庄，又组织了"抗暴团"，宗旨却是抵抗暴君刘彻的统治，为郭解报仇。这几年来，“抗暴团”策划了几次刺杀皇帝的行动，都失败了，损失了不少人。前几日郭远打听得贾义的消息，才去把他找来，想来贾义嫉恶如仇，必定也想着要为郭解报仇的，所以直接把“抗暴团”的事情跟贾义说了，并无隐瞒。贾义听了哭笑不得，只好一味点头。郭远看到贾义点头，大喜道：“得贾英雄相助，我们这一次的行动必定能够成功!”原来再过几日，皇帝要在平乐观观看角抵，“抗暴团”觉得这一次是刺杀皇帝的好机会，因为皇帝在观看角抵时，距离角抵者很近，但是“抗暴团”却苦于找不到会角抵的刺客，因此郭远才找到贾义，请求贾义到宫里去比斗角抵，趁着皇帝不注意时，把皇帝杀死。

贾义听了冷汗直流，他原本只想着若能背着儿子，靠卖艺挣来的钱将他养大，此生足矣，哪里想到平白无故冒出一个郭解的孙子来，认定了他就是郭解的门客，还要他去行刺皇帝为郭解报仇。正在犹豫的时候，郭远和一班“抗暴团”的骨干又跪了下来，郭远道：“英雄只管放心，这一次行动计划极周密，宫内的侍卫中又有我们的人，事成之后，必能接英雄出来，英雄的儿子且先安置于郭家庄，待英雄回来，再由英雄照顾。”郭远的话虽然说得婉转，但明摆着是拿贾义的儿子当人质，逼着贾义去行刺。贾义听了暗暗叫苦，只好打肿脸充胖子，假装英雄好汉，歃血为盟，答应了郭远。

原来皇帝自从元封三年以大角抵戏飨安息使者后，对角抵就产生了浓厚的兴趣，命宫中卫士都要练习角抵，每年都要比试数次，优胜者能够得到殊赏，最近又因为不满于宫内卫士的角抵水平，热衷于在民间寻找角抵的高手到宫内去与卫士们比拼，若能胜得官内的高手，皇帝就要赏赐，甚至还有可能直接收入宫中做卫士。角抵比赛的时间却不固定，地点都是在上林苑的平乐观内，目下宫内卫士已经比拼完毕，皇帝正下令让官员们寻找举荐民间的高手，郭远也不知道通过什么渠道，把贾义作为民间的角抵高手送了进去。

说到角抵，贾义也确乎是一等一的高手，这不仅因为他出身角抵世家，从小浸淫其中，更因为他在李陵军中得到了许多的磨炼。汉时军中亦盛行角抵，军中的角抵却又与民间的不同，民间的因为更注重表演性，所以往往动作夸张，实用性却缺乏，军中的角抵，练习时虽不至于以命相搏，但却全是为了上战场而准备，因此更注重实用性，下手也更隐蔽和狠辣，讲究一击制胜，因此让贾义去宫中与卫士们比拼角抵，却也是选对了人。

平乐观内的设施却也简单，只在御座前准备了一方方圆数十尺的大毡，皇帝靠着铺了绸缎的玉几，坐在上面观赏，又有专门的太监做评判，宫内卫士五人，民间高手五人，分别捉对比拼。

贾义还在郭家庄时，郭远便告诉贾义，因为进平乐观前都要搜身检查，用古语说的话就叫“露索”，因此兵刃暗器都是没有办法携带的，贾义只能趁着比拼胜利，接受皇帝赏赐的时候，扑上去用角抵的手法杀死皇帝。因为角抵本身就与现在的摔跤相近，都是不准使用兵刃的，最多只能使用戴在头上的牛角互相顶撞，所以让贾义赤手置人于死地也不是难事。

轮到贾义上场，周旋了一会儿，他看准机会，以一个“背摔技”击败了对手。五位从民间找来的高手中，只有贾义一人战胜了自己的对手。皇帝又让另外四名卫士挑战贾义，结果贾义又将他们全都击败。皇帝非常高兴，命贾义上前受赏，还要将贾义任为宫中卫士。皇帝看到贾义一直戴着面罩，便命他将面罩取下，贾义缓缓取下面罩，皇帝看到贾义竟然没有鼻子，一愣。此时贾义所跪之处距离皇帝不到一丈，贾义一直就等着这个机会，他一跃而起，如恶虎一般扑向皇帝，狠狠将他压在身下，双手绞住皇帝的头，正待用一个“剪技”将他的脖子拧断，那皇帝却哭喊起来：“朕不想死！英雄饶命！”贾义却没想到皇帝会如此草包，稍一犹豫，身后的几个卫士已扑上来将他摁在地上。

卫士们将贾义拉到一边摁住，皇帝从地上爬起，面色苍白，想起刚才的情形仍是心有余悸，再想起自己向贾义求饶的情形被卫士和太监们看到了，更是恼羞成怒，已是暗中决定要把平乐观内的人全都杀死，以免自己的丑态传到外面，被人耻笑。贾义被送到著名的酷吏廷尉张汤处审问，张汤很快就查出贾义本名刘义，受过劓刑，本是李陵帐下的步卒。张汤用尽了酷刑，想问出贾义身后的主使，但贾义想到儿子还在郭家庄，若招出来儿子便连一个藏身之处都没有了，所以抵死不说，只说是自己想为李陵报仇，并无他人主使。张汤又穷究将贾义举荐到平乐观去的官员，却发现那个官员已经在家中自杀。张汤无法，把贾义又审了几日，仍是没有结果，只好向皇帝禀报，皇帝知道若是连张汤都审不出来，别人更是没有办法，便命张汤把贾义送到上林苑的虎圈观去，让他与老虎相斗，让老虎把他吃了。

平乐观是皇帝观赏角抵的地方，虎圈观则是皇帝观赏人虎相斗的地方，常常有死囚被送到这里与老虎相斗，但人怎么能与饿虎相争？所以结局也不过是一个死。贾义被送到这里，自知已是必死无疑，只是担心儿子还小，没有人可以托付，自己死不瞑目。正在昏昏沉沉的时候，却隐隐听到有人呼唤自己，贾义侧耳细听，果然听到有人在墙外压低了嗓门唤道："刘义！刘义！"听起来却似乎是吴单的声音。

原来吴单从蚕室出来之后，并未离开上林苑。虽然太史公叫他回楚地去，但他细细想来，天下虽大，除了上林苑外，竟没有别的地方可以容身，他索性就打定了在上林苑住下去的主意，在苑中捉鱼捕鹿，倒也悠然自得，恍若世外桃源。这一日晚间又在苑中捕鹿，偶然听得虎圈观新来一个死囚名唤贾义，他悚然一惊，急忙到虎圈观来察看。他知道虎圈观关死囚的牢房的位置，便趁着夜色，潜到牢房外呼唤贾义，果然被贾义听到。

死囚牢虽有窗口，但开得极高极小，上面又安有儿臂粗的铁栅，吴单自知一时无法将贾义救出，他知道贾义还有一个嗷嗷待哺的儿子，只希望能打听得他儿子的行踪，也好去相救。万幸让贾义听到了他的呼唤。贾义勉力站起，对着窗口道："你出西门，走两个时辰，到洪庆镇，再向南走一个时辰，那儿有个郭家庄，我儿子名叫'病已'，你千万要记住了。"吴单道一声"诺"，也不再多说，转身便走。

次日吴单便出上林苑向西，按贾义所说的方向去寻找郭家庄，寻了几日，竟没有丝毫的消息。洪庆镇南边倒真有一个大庄园，但那庄园却不叫郭家庄，而是叫柳庄，庄主也不姓郭，而是姓霍。吴单不死心，夜里潜入庄园内探查，也没有查出什么结果，只知道这庄园原来竟是奉车都尉霍光名下的产业，但是除此之外似乎也没有什么特异之处。

吴单又连着查了数日，仍是毫无头绪，只好先回到上林苑中，再探听贾义的消息，却得知他已经在虎圈观中被饿虎咬死了。吴单垂头丧气，在上林苑和长安城内游荡，失魂落魄，只觉生不如死。

上林苑昆明池旁，有一小湖名孤树池，孤树池中有一小洲，洲上有一棵杉树，高达百丈，是上林苑中最高的树，站在树上，整个长安城尽收眼底。天气晴好时，吴单喜欢在树上过夜。

吴单躲藏于上林苑中，也不知又过去了多少天。有一天，他又在孤树池的杉树上过夜，清晨时却被一阵号角声惊醒，原来是皇帝到昆明池游玩来了。昆明池本是为了讨伐越嶲、昆明两国而挖的大池，皇帝在上面训练水军，后来水军没有练成，但昆明池却留了下来。吴单立于杉树之上，对昆明池上的情形看得清清楚楚，只见数十小船围着一艘巨大的龙船，小船上有角抵伎乐在表演，中间的龙船高达十几丈，披着绫罗绸缎金银珠宝，华丽之极，龙船的甲板上，一群太监围着一个穿龙袍的人，也不知在干什么。吴单的弓箭一直都是随身带着的，他把弓背上，挑了一支箭咬住，往杉树的最高处爬去。他挑了一个易于站立视野也好的粗枝，稳稳站住，张弓搭箭，瞄着那龙船上的皇帝一箭射去。那支箭跟随吴单多年，在草原上射杀过匈奴人，在上林苑里射杀过野鹿，箭羽早不知被吴单换过多少次，箭镞也是数次磨损后又重新磨得锋利。吴单这一箭射出去，便看见皇帝仰面倒在船上，胸口插着自己的箭，却不知生死。船上的人乱成一团，随后就有卫士惶急地向昆明池四方搜查。吴单看到有一队卫士向孤树池的方向来了，便转身躲入杉树上一个树洞中。他在上林苑生活了几年，这树洞却是他偶尔发现的，除了他之外再没有旁的人知道，人躲藏于树洞之中，树下的人除非知道树上有一个能藏人的洞，否则的话绝不可能料到树上有人。

那些卫士从树下经过，果然没有发现吴单。吴单在洞中躲到天黑，悄悄地下树来，除了弓箭什么也没带。他知道出了这事之后，上林苑没法待了，便出了上林苑，到显武里去找太史公司马迁。此时距李陵之事已有好几年，早就没人记得还有一个名叫吴单的步卒在逃亡了，吴单光明正大地在天亮之后进了显武里，敲开太史公的家门。司马迁此时早已不是太史令，受了腐刑之后，皇帝命他做了中书令，相当于皇帝的秘书长，地位却比太史令高。

司马迁却还记得吴单，看到吴单来找自己也并不惊讶，只让吴单到后面去洗了个澡，把衣服换了。到了夜深无人时，方才把吴单唤来，问道："今天早上，主上在上林苑内被人刺杀，险些驾崩，这事是你做的?"吴单点头。司马迁道："李陵帐下的一位百人将，都有如此高超的射术，真是令人惊叹。"吴单听到皇帝没有死，却有些惋惜。司马迁又道："宫内的守卫是由大将军霍光负责的，我现在虽然是中书令，但也没有办法接近主上，只听说箭是射在背上，受伤虽重，性命却无碍。"吴单道："吴单清楚记得，箭是射入了皇帝的前胸。"司马迁听了，沉吟道："其中必有蹊跷，霍光封闭了宫门，隐瞒皇帝的伤情，必定另有图谋。这几日你不要出去，这件事也决不可对别人提起，免得惹祸上身。"吴单点头，忽然想到刚才司马迁提到的霍光，自己之前在洪庆镇查到的那个庄园，似乎也是霍光的，不知其中是否又有隐情，不如向太史公请教，便把贾义托自己寻找儿子的事，以及自己在洪庆镇查找却一无所获的情况，跟司马迁说了。司马迁听了之后，道："必是贾义被人以儿子相要挟，逼他去行刺皇帝，他才不得已入宫行刺，失手被擒。他的儿子在那些人手中，他自然不敢招出主使，只是被你偶尔得到他儿子是在洪庆镇郭家庄中，但那些人为求万全，也绝不会告诉贾义他们的真实身份。其实你既然查到了那个庄园是霍光的产业，自然就应该猜到这事情应该是霍光的谋划了，可惜当时你没有继续查下去，此时要再去查，只怕更困难了，不过你当时没有查下去也好，霍光外表仁厚谨慎，内里机心却甚深，你当时如果再查下去，只怕性命也保不住了。”

吴单听了司马迁说的话，并没有说什么，却在当天晚上悄悄地离开了司马迁的府第。他怀揣一把匕首，在黑夜中潜入大将军霍光的宅子隐藏起来，不吃不喝，一直等了三天才找到机会，他从藏身的地方跃出，将匕首架在霍光的脖子上，逼问他是否还记得几年前有一个叫贾义的人，曾经被他挟持着去刺杀皇帝。霍光虽是霍去病的弟弟，但并不像霍去病那样高大威武，而是儒雅沉着的一个人，虽然被吴单拿匕首架在脖子上，却也并不惊慌，点头道：“自然记得，想必你便是吴单了。”吴单被他一下子说出了身份，却有些出乎意料，厉声道：“你不用管我是谁，你若能将贾义的儿子刘病已交给我，并送我们出城，我必不伤你性命！”霍光道：“病已现在就在门外，我叫他进来，若他愿与你一起出去，我自然不会阻拦。”吴单听霍光如此说，更是不知所措，正在沉吟的时候，霍光已大声道：“病已，你吴单叔叔来了，你还不进来！”话音刚落，门果然被推开了，进来一个七八岁的孩子，乍看去果然与贾义有些相像，只是目光却沉着坚定，与贾义大不相同。吴单一看孩子进来了，急忙放下匕首。他却全没有料到，那么容易地就能见到刘病已，更没有料到霍光似乎并未向孩子隐瞒他的真实身份。霍光道：“吴单叔叔是你父亲的兄弟，当年一起打过匈奴，受过劓刑，这回来接你来了，你可愿与他一起走？”刘病已摇摇头，道：“我在这儿过得好好的，并不愿与旁的人一起离开这里。”

吴单从霍光府中出来，茫然无措，只觉得万念俱灰，自此后便在司马迁府中躲藏，也不再提刘病已的事，后来更索性改名司马单，做了司马迁府中的一个仆人；但司马迁对他却极恭敬，并不把他当成一个仆人看待。征和年间，宫内出了著名的“巫蛊之祸”，太子刘据被逼自杀，幼子刘弗陵成为太子，霍光成了辅政的大臣。到征和四年，皇帝又一反常态，下了罪己诏，声称此后要与民生息，再也不穷兵黩武，劳民伤财。

皇帝崩于后元二年，谥“武”，史称汉武帝。太子刘弗陵继位，是为昭帝。刘弗陵继位之后不久，司马迁也死了，吴单跟着司马迁的女儿离开茂陵，到了长安。刘弗陵在位十三年，崩于元平元年，太子刘贺继位。刘贺在位二十七天，霍光以其不堪帝位为由，废刘贺为昌邑王，并从民间找来戾太子刘据唯一的遗孙刘病已，立为皇帝，是为汉宣帝。

此时吴单也已重病在床，命悬一线，除了早已死去的司马迁之外，没有人知道这个受过劓刑的曾经的李陵的步卒、楚地的猎户，竟然曾刺杀过皇帝刘彻和权臣霍光，更没有人知道，还有另一个名叫刘义的步卒，他曾经有一个儿子，名字也叫“病已”。

2010. 9. 8

闽僧

关于这个和尚的故事，我最早是在董说的《上堂晚参唱酬语录》中看到的。董说是明末清初时人，祖籍浙江乌程，曾祖父董份曾官至礼部尚书，但到董说这一代，董家已经衰落，其父董斯张只是一个监生罢了。明亡后董说出了家，到苏州灵岩寺去当了住持，号南潜，《上堂晚参唱酬语录》是他出家后的作品集。

这个集子，其实现在已经看不到了，我所得到的，也只是一些断简残章，里面记录着南潜法师对佛学的领悟和对故国的思念，偶尔也有对于日常生活的一些记载，关于念经、饮食、睡眠、写字等等。法师喜听雨，喜读书，尤喜一边听雨一边读书。灵岩山下有箭泾河，相传为吴王所开，法师常携书数卷，驾一小舟，于箭泾河上漂荡，读书、听雨，往往一读就是数日。

这个和尚，就是法师在箭泾河上读书听雨时遇到的。在《上堂晚参唱酬语录》里，法师这样描写与和尚相遇时的情景："阅《圆觉》毕，忆少年时事，颇怅惘。春已暮，船行水中如梦，忽闻闽僧于岸上大呼：'黍离之思，君亦不免乎?!'"

法师一惊，放下手中自小便已读熟的《圆觉经》，弯腰探身，出了船篷，看到岸上立着一个衣衫褴褛的和尚，年纪五十余，身长八尺，口带闽音，气概颇不凡。法师延请和尚上船，并拿出龙井相待。

和尚却无心饮茶，一上船就粗声对法师说：“和尚浪荡于大江南北，颇知南潜法师之名，今日拜访，才知原来不过尔尔。”法师知道和尚是一个奇人，对和尚的指责，却也不以为意，只是微笑点头。和尚又接着说：“蛮子侵我中华，夺我河山，杀我人民，法师却仍有闲情于箭泾河上念什么鸟《圆觉经》，于灵岩寺中说什么屁佛法，如此看来，亦不过是一个自了汉罢了！”法师听了，仍只是微笑点头。其实法师也曾挺身而出，与清人相抗，但终究不过是一介书生，手无缚鸡之力，虽有些微小文名，却又能救得多少人？杀得多少敌？后来看到形势无可挽回，才不免心灰意冷，剃去三千烦恼丝，于灵岩寺出了家。这和尚说话虽然鲁莽，但法师看出他一片赤诚，是以也不愿反驳，只是点头罢了。和尚看法师不言语，也不耐烦喝茶了，道：“你既不说话，想必还是不信我，且待我杀进苏州城中，取一两颗投名状来，再来见你。”说罢转身一跃上岸，头也不回，扬长而去。

那一夜却下起雨来，淅淅沥沥，落到夜半时还未尽。法师燃一支残烛，于船中看书听雨，近三更时，忽觉船身微微一晃，就见到之前那和尚闯进来，把个人头甩在法师面前。法师低头一看，原来却是新到任的苏州知县的头颅，之前这知县曾到灵岩寺来拜佛，法师却认得他。法师把书放下，取一白纸，磨了墨，自笔架上拈一秃头笔，写道：“顿首：近得闽僧一，颇了得，兄善待之。”书罢装入一信封中，取蜡封好，于信封上书“赤脚张三”四字，交给了和尚。

和尚知道赤脚张三是太湖上抗清义军白头军的首领，拿了信后，也不多言，作了个揖，转身就走。

待和尚去了，法师把人头提起，随手扔到河里去了。

后来还不时有和尚的消息传来，说和尚善使棍，于太湖上杀清兵无数，是白头军第一勇士，到康熙元年，赤脚张三为江苏巡抚韩心康所害，张三旗下白头军亦零落星散，和尚便杳然无踪影了。

法师晚年，是真正地心如死灰了，他遁迹于山水之间，几乎不与外界交往，康熙二十五年，大清朝繁盛如烈火烹油，法师于山中孤独地圆寂了。

《上堂晚参唱酬语录》的残章，因为我数次搬家，后来竟然遍寻不见了，关于这个和尚的故事，原本也不过只是残章中的短短数百字罢了，我阅过了，也就忘记了。但是数年之后，我得到一本钱基博的武侠笔记名为《技击余闻补》的，竟然又在这本书中发现了那个和尚，这令我非常惊讶，须知在董说与钱基博之间，横亘着整整一个清朝呢。

钱基博说起来可能很多人都不知道，其实他是钱锺书的父亲，也是一个大大有名的文人。据说当年钱基博在光华大学里做国文系主任，把新文学的内容全都删了，学生们只学经史子集，民国教育部的部长朱家骅无奈写信给钱基博，请他恢复关于新文学的内容，却被钱基博拒绝。这样看来，钱锺书的这位父亲大人，也是一位骨头很硬脾气怪异的大文人呢。

《技击余闻补》是钱基博早年所作文言短篇武侠的合集，故事大多有所据，提到和尚的那篇，便以“闽僧”为题。故事大略是说，清朝中叶，无锡有个绅士名叫冯夔，家资巨万，养了很多门客，其中有一个老僧，年纪六十余，口带闽音，善饮酒，冯夔对他极为敬重，待为上宾。有一个年轻人，善技击，对老僧很不服气，总是寻隙挑衅，但老僧却不与之计较。有一回冯夔宴客，年轻人和老僧都在座。年轻人饮酒兴酣，起身表演棍技，进退颇便捷。年轻人很得意，但老僧眼中却有不屑的神色。年轻人很不高兴，就当场向老僧挑战。老僧以一箸应战，竟将年轻人的棍子挑飞。年轻人大惊，向老僧请教。老僧说，年轻人的棍法圆而不方，滑濯而没有觚棱，以他这样的棍技，还不足以向自己请教。

故事到这里也就结束，这个老僧后来究竟如何，钱基博却没有再提起。

原本仅凭着这样短短的一段故事，是没有办法判定这个老僧与南潜所见过的那个和尚有什么关系的，我之所以后来竟得出他们其实是同一个人的结论，却与第三个故事有关。

这个故事，却是弘一法师所亲历。

1936 年，弘一法师驻锡于厦门鼓浪屿日光岩。日光岩是个小寺，也是个老寺，有四百多年的历史了，其中有一位老僧，年纪八十余，说话带闽音，平日里也不念经，也不打坐，只在寺后小屋内居住，轻易不出来。他在这寺里似乎很久了，大家都弄不清他是什么时候来的。弘一法师看他气概很是不凡，因此很敬重他，寺里偶尔有施主送来一些好吃的，法师都要单独留下一份，送到后面去给老僧吃。

“九一八”事变之后，日本鬼子越发骄横了。1936 年的 7 月，日本第十三驱逐舰队从汕头游弋到鼓浪屿附近的海面，舰队司令西岗茂泰久闻弘一法师的大名，想请法师到日本去。他挑了一个天气清和的早晨，带着几个士兵，到日光岩去找法师。当时的人，是这么记载此事的：

> 同年7月间，日本第十三驱逐舰队司令西岗茂泰率领“吴竹”、“若竹”两军舰，由汕头窜进厦门。有一天，西岗茂泰司令因久闻弘一大师盛名，特登岸往鼓浪屿日光岩寺寻访大师，并要求大师用日语对话（弘一大师青年时留学日本，精通日语），大师坚持“在华言华”而拒之。司令说：“吾国为君之婿乡，又有血缘之亲，何竟忘之?”大师以华语回之：“贵国为吾负笈之邦，师友均在，倘有日风烟俱净，祥和之气重现，贫僧旧地重游，谒师访友，以日语倾积久之愫，因所愿也。”司令又说：“论弘扬佛法，敝国之环境较贫穷落后的贵国为优，法师若愿命驾，吾当奏明天皇，以国师礼专机迎往……”大师毅然答道：“出家人宠辱俱忘，敝国虽穷，爱之弥笃！尤不愿在板荡时离去，纵以身殉，在所不惜。”

西岗茂泰看无法说服法师，就想退而求其次，把历代祖师珍藏于日光岩内的一册《法华经》夺走。传说这册《法华经》已有近五百年的历史，便是弘一法师也没有亲眼见过。

西岗茂泰明明做的是强盗行径，表面上却仍是彬彬有礼，只听他用日语道：“鄙人久闻此寺中珍藏有《法华经》一册，鄙人亦是虔诚之佛教徒，想将《法华经》请出一观，望能实现。”众僧人听了西岗茂泰的请求，面面相觑。弘一法师是一个大活人，西岗茂泰总不能把他绑架了强拉到日本去，但《法华经》却不一样了，西岗茂泰表面虽然彬彬有礼，但他若把《法华经》强行收入囊中，他海上船坚炮利，身边卫兵都有武器，又还有谁能把经夺回来？日光岩住持心培法师无奈，想了一个缓兵之计，说请出《法华经》要先斋戒沐浴三日，同时再连做三天法事才行。西岗茂泰却也不急，答应先回船上去斋戒沐浴，同时又取出财物，请寺中诸僧代做法事。

西岗茂泰走后，心培法师将诸人全都屏退，命小沙弥将自己与弘一法师的袈裟都取来，与弘一法师一起穿上了，向寺后小屋走去。原来便是心培法师也并不知道《法华经》藏于何处，日光岩前任住持只告诉他说《法华经》确实珍藏于本寺，但究竟藏于何处，却连住持也不知道，若真有一日，需要请出《法华经》时，只需去找寺后小屋内的老僧即可。

心培法师对这老僧极是恭敬，远远地站在门外，敬了一礼，高声道："徒孙有不得已事，要向高祖禀告。"

弘一法师在日光岩内驻锡已有数月，却没有见过心培法师在这位老僧面前以"徒孙"自称，平日心培法师就算要见老僧，虽然也极是恭敬，但也不过只是尊称老僧为"老师父"罢了。

小屋的门并没有打开，只听见屋内老僧以一口带着浓重闽南口音的官话答道："此事我已知晓，扶桑小儿，也敢觊觎上国宝物，你等不用慌张，我自有应对之策！"

心培法师听老僧如此说，似乎心头大石头落了地一般，表情忽然就轻松了，他向弘一法师点点头，两人又一起施了一礼，退了回去。

这三天里却也不见老僧出屋，寺内众僧只是按原定计划，为西岗茂泰做了法事，其他也没有什么特别的安排。弘一法师虽然感到奇怪，但寺内僧人自己不说，他却也不好主动去打听。

三天之后，日光岩内外打扫得干干净净、清清爽爽，一众僧人都把袈裟换上，立于山门之外，恭迎西岗茂泰的大驾。

西岗茂泰说起来，倒也真是一个虔诚的佛教徒，他老老实实在舰船上斋戒沐浴三日，带了两个卫兵，一大早徒步上山。

心培法师请西岗茂泰将两个卫兵留在外面，自己与弘一法师一起，带着西岗茂泰去见寺后小屋内的老僧。远远地就见到那小屋的门已经打开了，那老僧盘膝坐于蒲团之上，年纪八十余，须眉皆白。西岗茂泰进了小屋，老僧也不言语，西岗茂泰也不敢坐，用日语把自己想瞻仰宝经的愿望说了，弘一法师翻译了一遍。老僧听了，点点头，道："贵国的佛法，亦是传承自中土，当年鉴真法师东渡，功德无量，可惜近几十年来，贵国穷兵黩武，伤天害理之事，干了不少，将军既是虔信我佛，自当于这修罗场中，多多行些善事才是，不可同流合污，他日落入无间地狱之中，永无出头之日，后悔无及！"

弘一法师把老僧的话译为日语，西岗茂泰听了，脸上红一阵，白一阵，也不知道心中是怎么想的。

老僧又道："将军要瞻仰宝经，想必亦是出于虔敬之心，老衲自然不会拒绝，只希望将军瞻仰了宝经之后，能将轻慢之心、贪嗔之心稍稍收敛一些。"

老僧待弘一法师把这话翻译给西岗茂泰听了，就缓缓解开自己的上衣，露出一身嶙峋的皮包骨头，右手拿起早就放在蒲团边一把锋锐的匕首，轻轻在自己胸口上一划。弘一法师和西岗茂泰看到了都是一惊，只有心培法师似乎早知老僧的神奇，竟是神色不变。

只见老僧的胸口在匕首一划之下，豁然洞开，却没有血迸出来，胸口之内，却只有一颗似有似无的心在轻缓地跳，再也没有他物。老僧把匕首放下，伸手入自己胸口中，拿了一册薄薄的经书出来，递给西岗茂泰。西岗茂泰看到老僧如此神奇，早已吓得惊了，一时竟没有想到要上前去接那经书。心培法师急忙上前一步，双手接了过来，转身送到西岗茂泰面前。弘一法师看那册经书，却是平平无奇一册老经，封皮上是手书的“妙法莲华经”五字，正是《法华经》的全称。

西岗茂泰这时才回过神来，急忙把经接过，匆匆翻了一遍就退还给老僧。他再也无心生事，退到日光岩正殿内参拜了佛祖，素斋也没有吃，就带着卫兵下山去了。

弘一法师后来就再也没有见过这个老僧了。心培法师对弘一法师说，这位老僧究竟有多少岁，寺内也没有人知道，前任住持是在日光岩内长大的，据他所说，还在他七八岁时，这位老僧就在日光岩寺后那小屋中了，当时那老僧看起来似乎还不到八十岁，过了这么几十年，这位老僧亦不过看起来八十余罢了。因为怕惊人耳目，寺中诸僧，平日里只以“老师父”称呼他，只有到了真正有事的时候，才会尊称他为“师祖”。

这件事情，因为太过神异，弘一法师只对几个最为亲近的弟子说过，这几个弟子中便有后来的漫画家、散文家丰子恺。丰子恺后来是把这段往事写进了散文中，不过并没有发表。我是辗转得到了几页丰子恺的手稿，才知晓了此事。

明末时，这老僧看上去才五十余，清朝中叶，这老僧六十余了，到了1937年时，这老僧已有八十余，看来他亦不是长生不死，只是生命的进程比起一般人要慢上许多罢了，以百年增长十岁来算的话，到改革开放时，他或许也应该有九十了吧，一般人活到九十余，亦已是人瑞了，不知道他还在不在这个人世间呢？

我看到丰子恺的手稿之后，就存了要去找这位老僧的心，但一直没有什么机会。直到前两年，我们家里来了一位来自福建的保姆，我听她偶然地提起，说泉州有一个老和尚，年纪只怕已过百岁，“文革”时曾被迫还了俗，后来又重新剃了发，现在是在泉州的承天寺中，泉州人有时去承天寺拜佛，还能见到他。

我听了，确认这位老僧，必是我多年以来一直在寻找的闽僧无疑，便急忙打点行装，用八折的高价买了第二天上海到泉州的机票，一出机场就直奔承天寺而去。

我原本还以为要找到这位老僧并不容易，哪里想到到了承天寺一问，寺内僧人便指点我到市政府礼堂去找他，我也没有多想，问了市政府礼堂的位置，就急急忙忙打车过去了。

泉州并不大，我乘坐出租车，不到十分钟，就到了市政府礼堂门前。礼堂内传来阵阵歌声，唱的却都是红歌，我想起已近“七一”，礼堂内的人唱红歌，大约是在为庆祝建党做准备吧，只是不知那老僧在里面又是为了什么呢？

我推开礼堂大门，一眼望进去，只见阴暗的礼堂内，只有舞台上的灯亮着，除了舞台前的几排座位外，其他的座位全都是空的。舞台正中，十几个和尚，穿着僧衣，排成三排，正在练习合唱《没有共产党，就没有新中国！》。我慢慢一步步走进去，看到一个极老的老僧，弯腰驼背地站在第一排正中，正随着众人，一起唱“他指给了人民解放的道路，他领导中国走向光明”，灯光正打在他的脸上，我看到他的脸皱纹密布，那正一张一合唱歌的嘴如同鱼嘴，里面已经一颗牙都没有了。

我突然间失去了拜见他的勇气。

我挑了个位置坐下，看着正在台上唱歌的老僧，想了很久，终于还是立起，远远地合掌向他敬了一礼。

“南无阿弥陀佛!”

然后我就转身走出了礼堂。

2012. 2. 18